ちくま新書

若者はなぜ「

か

長山靖生
Nagayama Yasuo

JN226925

429

若者はなぜ「決められない」か【目次】

プロローグ

†窓外の異様な光景

私の住まいの隣地は、広い駐車場になっている。原稿を書いて疲れたときなど、ふと机を離れて、窓越しに眺めるともなく、その駐車場に目をやる。

ある日の朝、駐車場に若者たちが集まっているのに気が付いた。その人数は、四、五十人もいただろうか。自分の家の隣りに、これだけの人数がたむろしていると、けっこう不気味である。しかも彼らは、何となく雰囲気が重い。私は、彼らが何のために集まっているのか、まったく見当がつかなかった。

これまでも、四、五人の人間が、誰か遅れてくる友達でも待っているのか、所在なげに立っているのは見かけたが、その朝はあまりに人数が多すぎる。注意して見ていると、彼らはみな、何らかの関係を持っている一集団らしく思われたが、その割りには互いに親しそうでもなく、また楽しそうでもなかった。彼らは、互いに困惑したように、ある程度の距離を保ちながら、その場に佇《たたず》んでいた。

デモ行進にでも行くのだろうか、とも思ったが、それにしては気迫というか、興奮というか、その手の熱気が感じられない。

はて、なんだろう。

疑問は深まるばかりだったが、私もそうそう暇ではない。二、三分も眺めていたら、飽きてきた。取りあえず、我が家に危害を加えるおそれはなさそうだと判断し、机に向かって仕事を続けた。そして次に窓の外を眺めたときには、若者たちは誰もいなくなっていた。

しかしそれは、一日だけの出来事ではなかった。それから毎朝、だいたい同人数の若者が、いつも集まるようになったのである。もしかしたら、私が気付く以前から、若者たちの不思議な「集会」は行われていたのかもしれない。

やがて、謎が解けたのは、彼らの前に、二、三人の「指導者」が現れたのを目撃したときだった。集まっている五十人とほぼ同年齢に見える「指導者」は、テキパキと指示を与えると、若者をいくつかのグループに分け、何事かを説明し、それぞれを車に乗せて、どこかへ走り去った。

彼らはフリーターだったのである。そして「指導者」は人材派遣会社の社員だった。隣りは、人材派遣会社の駐車場だったのである（正確にいうと、月極駐車場なのだが、最近、人材派遣会社が一括で数台分をまとめて借りたのだという）。また、そこは同時にフリーターの集合場所にもなっていて、若者をその日の仕事場に連れていくための基地でもあったのだ。そのことを、私は後日、散歩のついでに居合わせた「指導者（というか、謎が解けてみればただの派遣会社のサラリーマン）」に話しかけて、聞き出した。余談ながら、彼は「毎朝、お騒がせしてすみません。気になることがあったら、どうぞ注意して下さい」と、歯切れのいい口調で隣家のオヤジ（私である）にも如才なく挨拶した。

それにしても、やはり疑問は残った。同世代で、服装も変わらないのに、「指導者」とフリーターは、明らかに違って見えた。窓外にはじめてその姿を眺めたときから、まるで別の制服を着ているかのように、一瞬でその違いは見て取れた。いったい彼らの、何が違うのだろう。

まず、真っ先に目に付いたのは姿勢であり、歩き方だった。「指導者」は背筋がのびており、動きに無駄がなく、早い。ところがフリーター集団は、どうも背中が丸まっており、動きが緩慢なのだ。あるいはそれは、単に「説明する側」と「説明を受ける側」、「段取りを分かっている者」と「分かっていない者」の差に過ぎないのかもしれない。しかしやはり、同年輩のある者が「説明する側」「段取りを分かっている者」となり、他方が説明を受け、段取りを教えられているのは、れっきとした事実なのだ。

いや、フリーターとおぼしき青年のなかにも、機敏に動く人もいた。しかし、それはそれで興味深いことに、軽快な動きと明るい表情を持っていても、逆にその故に「できるフリーター（かどうかは分からないが、私はそう命名した）」は、やはり「正社員」氏とは、異なるオーラを放っているのである。

†分岐点の「私」

私はそれまで、フリーターを特別視したことはなかった。別に褒めるつもりはないが、といって彼らに、無理矢理、正社員になれと説教する気もなかった。パラサイト・シングルとやらで、さしてはたらかなくても生活が成り立つというなら、羨ましいくらいのものである。第一、フリーのライターなどというものは、フリーターと紙一重というか、はっきりいってその変種に過ぎない。他人をとやかくいえる立場ではない。

だが、フリーターと正社員というはたらき方の違いがあるだけで、年齢も身長も体型もほぼ同じ若者が、くっきりと二種類の人種のように見分けられることに、私はショックを受けた。窓の外の若者集団は、明らかに異質なオーラを放っていた。たぶん、当人たちも気付かぬうちに。

同時に、もうひとつの疑問が浮かんだ。私ははたして、フリーターと正社員の、どちらに近いのだろうか、と。私には、会社に勤めた経験がない。そして今は、もの書きと歯医者という二つの仕事を持っている。歯医者（自宅開業）というのは比較的安定した仕事のように思われがちだが、実態としては零細自営業なので、これもまたフリーの仕事といえなくもない。実際、私は年に数回しかネクタイを締めない。締めるのはたいてい、誰かの結婚式かお葬式である。この歳になると、後者に出ることのほうが多い。

いや、そんなことはどうでもいい。

私は一九六二年生まれ。連続幼女誘拐殺人事件の宮崎勤や新潟の少女監禁事件の犯人は、同年生まれだ。SFギョーカイでは、この年代を「SF団塊の世代」と呼ぶそうだ。書き手にもファンにも、この前後に生まれた人間が異常に多いというのだ。

私は、窓の外の光景を眺めながら、自分の過去を思った。

われわれが中学・高校生活を送った時期は、全国各地の学校で校内暴力やイジメが問題化しはじめていた。その一方で偏差値教育があまねく行きわたったのも、この世代である。高度経済成長にも、大学紛争にも乗り遅れた。われわれの時代を象徴する言葉として、八〇年前後には「シラケの世代」があり、九〇年代以降は「オタク」がある。

私は時々、今こうして自分がこの場所に立っていることを、奇跡のように感じることがある。今現在、私は生まれ故郷の地方都市で歯医者をしながら、時々原稿を書くという生活をしている。妻と二人の子供のいる生活。特別にいいわけでもなく、特別に悪いわけでもない、平凡な生活。しかし、この平凡な地点に至る過程には、いくつかの別の人生の可能性（良いほうにも、悪いほうにも）があり、葛藤があった。

他人の人生に口出しする責任上、後で赤裸々なる自己告白（？）をする予定だが、私は時々、猟奇犯罪のニュースを聞いて、慄然とすることがある。それは事件が理解できないからではなく、ちょっとは理解できてしまうからだ。今時の十二歳の犯罪も、十四歳の犯罪も、また今年四十歳になる宮崎の犯罪も、それを許容するつもりは寸毫《すんごう》もないが、それらが起きる理由、それらを起こしてしまう「彼ら」の気持ちが、分からなくもない。そんな自分が怖い。

もちろん私自身に、罪を犯したいという欲求があるわけではない。またそのような形で発散しなければならないストレスも、抱えてはいない。可能性としても、私は十四歳でナイフを振り回したり、十七歳でバスジャックをすることはなかっただろう。第一、体力がなかった。

だが、フリーターになる可能性は十分にあった。「引きこもり」だって、あり得たかもしれない。実際、私はどうして、今ここにいるのかを、確認する必要性を感じている。それは私が、自分の過去を捉え直すためであり、窓の外に佇むかつての私であるような若者たちに、なにがしかのエールとヒントをおくりたいと思うからでもある。

そう。窓から見た彼らは、「私」であった。

オタクという文化的価値秩序の混乱。フリーターという労働価値の混乱。その勃興期に私は青年時代をおくり、ちょうど古い価値観と新しい波の両方に身をさらした。そして右往左往した。

私には今の若者の気持ちがすっかり分かる、というつもりはない。それどころか、私は私自身

街中で座り込む若者たち。社会の閉塞感を象徴する現象にも思えるが、
実際に路上に座ってみると意外と楽しい。

の気持ちだって、よく分からずにいるのだ。そして分からないからこそ、棚上げには出来ない「気がかり」として、ずっと抱え込んでいるのである。

ある若い人に、どうしてあなたはそういう生き方を選んだのか、と聞かれたことがあった。とっさのことで、私は「分からない」と答えた。それが正直な言葉だった。だが、それだけでは不十分なのも事実だ。「分からない」というのは、まだ結論が出ていないという意味なのであって、決して問いに答えを出す努力を放棄したわけではない。私にとって、「分からない」という答えは、「答えを出すべき問題を抱えている」ということだ。そして「分からない」に至る過程には多くの混乱と思考がある。逆に、思考停止または思考放棄を表すのが、安易に「信じる」態度とか、「信じられない」という言葉だ。

そういえば、ワイドショーの司会者やコメンテイターは、なぜ犯罪事件を嬉しそうに報道した後、判で押したように「信じられませんね」というのだろう。来る日も来る日も、陰惨な事件を報道しているというのに。悲惨なことを「信じられない」のは、発言者が事件を思考の外に押しやって、全面的に切り捨てているためだ、と私は思う。

†はたらき方は人格に影響するのか

私には、フリーターをしている若い友人が何人もいる。しかしこれまで、彼らと正社員をしている若者とが、違って見えるなどとは思いもしなかった。それどころか、大学教授やプロの作家も交えたサークルなどで、みんなで集まって話しているとき、彼らとその他のいかなる職業の人間のあいだにも、違いがあるようには見えない。そして実際、違いはないのだと思う。

だが考えてみると、私はどの友人とも本や映画の話はするが、仕事やお金の話はしたことがなかった。もしかしたらフリーターも正社員も、個人として思考したり遊ぶときに見せる顔は同じでも、はたらくときには、それぞれ別の顔になるのかもしれない。

はたして「はたらき方」は、その人の人格に影響を与えるものなのだろうか。

実際、フリーターは、そのことを恐れているようだ。彼らは正社員になりたくない理由として、「会社人間にはなりたくない」「組織の歯車になるのは嫌だ」と言う。それは単に、はたらき方を問題にしているのではなく、正社員として長年はたらいていると、その結果、人間はある種の「型」にはめ込まれた別の存在に変質してゆき、プライベートな時間も会社人間の思考に支配されるようになってしまうと考えているためだ。そんな「大人」になることを、いつの時代も、若者は恐れている。

そうだとすると、十年後、二十年後、フリーターはどのような「人格」に成長してゆきたいと考えているのだろうか。それとも、いつまでも人格的には今のまま変わらず、「若者」の特徴を保持しながら生きてゆきたいと考えているのだろうか。

以来、私は事情を話して、フリーターの友人や、そのまた友人などから、彼らの仕事観、家族観、社会観などを聞かせてもらうことにした。

彼らの言い分には一理あり、その生活態度には、私のような者にも、理解できる側面が多くあった。彼らと話しながら、私は私自身の仕事に対する態度、家族や社会に対する態度を、反省したりもした。また私が知らない社会の実情というものも、いくらか教えてもらった。

だが、フリーターに共感する一方で、私は彼らが、自分が思い描いているように人生を運んでいくのは難しいだろう、と思わざるを得なかった。また社会が、彼らの望むように変わっていくとも思われなかった。なにも私は、それを喜んでいるわけではない。残念ながら、そう思うのである。

本書は、単純なフリーター批判の書ではない。またフリーター肯定の本でもない。批判されても、ある人々はフリーターを目指すだろう。それで成功する人もいれば、失敗する人もいるだろう。それは正社員として成功する人もいれば、失敗する人もいるのと同じだ。

ただ、フリーターを続けるにせよ、考え直すにせよ、悔いの残らない人生を送るためには、早い時期に、その不安定さと可能性の実像を、十分に把握しておくことが必要である。自分の理想と現実のあいだのズレを埋めるのは、自分自身の努力よりほかにない。

苛酷な現実の状況を克服するために、何ができるのか。それだけの努力を、自分はできるのか。そもそも人は、何のためにはたらくのか。幸福に至る過程で「仕事」にはどんな意味があるのか。それは若者だけでなく、彼らの親世代にとっても、また社会全体にとっても、きわめて重要かつ難解な問題だ。

第一章

フリーターに対する社会の困惑

†「逃げ出す」ことにも価値があった

データではなく、記憶からはじめたい。

フリーターという言葉の持つ概念、すくなくともその希望的側面としてのイデオロギーは、この言葉が創り出された当時の社会状況、ならびに当時の若者たちの心情と切り離しては、理解できない。それはバブルの狂乱景気と不可分に結びついていた。

一九八〇年代中期。一九六二年生まれの私は、ふつうなら大学を卒業して、就職する時期にさしかかっていた。当時の日本はプラザ合意をうけて、国内需要の拡大に邁進しており、円高、株高、不動産高騰のバブル景気に突入していた。それにつれて企業の含み資産は膨脹し、高度経済成長以来の日本の右肩上がりの経済成長は、いよいよ拍車がかかると信じられていた。物価も上昇したものの、国民所得も大きな伸びを示していた。労働需要もきわめて高く、空前の売り手市場だと、マスコミは伝えていた。私の周囲でも景気のいい話が聞かれた。ひとりで上場企業の内定五社がふつうだとか、来春卒業予定の四年生のみならず、三年生にまで青田買いの勧誘があるといった噂が、頻《しき》りに聞こえてきた。

もっとも、あくまで噂である。私は就職活動とは無縁の生活をしていたので、売り手市場の狂乱を自分で体験したわけではない。それでも当時の学生一般が享受していた「明るい現状」は、私も何となく体験していた。そういえば、「明るい・暗い」という二分法が流行したのも、あの頃のことだった。いずれにせよ、その二分法の前提になっていたのは、「明るい」のを基本・正常・自然とし、「暗い」のは異常だとする価値観であった。

当時、学生の知的生活基盤にも大きな変化が起きた。ニュー・アカデミズムと呼ばれる若手研究者の華やかな台頭。戦後日本では、一貫して「古い」ものより「新しい」ものが評価された。人間もまた然りで、「若い」ことは何より価値あることのように見なされてきた。そんな風潮のなかで、唯一、例外的に年長者の権威が（形式としてではなく、本当に）生き残っていたのが職人ならびに知的活動の分野だったのだが、その知的活動の場にあっても、「若い」ことが、非常に価値のあることとして、評価を押し上げたのである。そのニュー・アカデミズムのホープのひとりだった浅田彰は、『逃走論』（一九八四）の冒頭で、次のように書いていた。

男たちが逃げ出した。家庭から、あるいは女から。どっちにしたってステキじゃないか。女たちや子どもたちも、ヘタなひきとめ工作なんかしてる暇があったら、とり残されるより先に逃げたほうがいい。行先なんて知ったことか。とにかく、逃げろや逃げろ、どこまでもだ。

たしかにあの頃、新人類と呼ばれた若者たちは、既成の社会通念を尊重する姿勢を持っていなかったし、そもそものようなものを持つべきだとも思っていなかった。といって、それらを革命的に破壊しようという明確な意図を持って活動した六〇年代や七〇年代の若者たちとも違っていた。八〇年代の若者は、政治的党派性を嫌うというよりも、集団による行為自体を嫌っていた。だからたしかに、彼ら（われわれ）の行為は、「否定する」というよりも「逃げる」というのが正確だった。

男も女も、家庭から逃げようとしているばかりではなかった。学生たちは、その前段階として会社に縛られることからも逃れようとした。ただし、お金は欲しかったのだ。それでも「逃げる」ことに比重がいったのは、当時の若者にとって、就職口もプレイスポットも、知識さえもが、自分から探し求めるよりも前に、どこかから過剰に与えられるものとして、存在していたからだ。いつでも手にすることが出来るものに、何も今、しがみつく必要はなかった。

先に述べたように、当時は空前の売り手市場だった。その結果、奇妙な現象が進行した。教育学部や文学部の卒業生が商社に入り、理学部や工学部の出身者が銀行に勤めるという事態が起きたのである。大学で学んだことと、社会に出て就く仕事が、結びつかなくなったのだ。以前から、日本の大学教育と企業社会の非連続性がいわれていたが、バブル期にそれは極限に達した。

†就職秩序の崩壊とフリーターという「企画モノ」

従来、大学受験の偏差値秩序の延長には「この大学の卒業生なら、このクラスの企業に就職する」という連動性が、漠然と、しかし厳然と存在していた。だが、バブル期には相当に「上位」と目されていた企業への「下位」大学からの就職が増えていた。それ自体は、決して悪いことだとは思わない。しかし問題だったのは、そうした大学秩序の形骸化は、別に企業側が、学生個人の個性や能力を正確に判定するようになった結果ではなくて、単に上位企業ほど景気が良く、例年を上回る新入社員を採用した結果でしかなかった。従来の採用方法では、必要人員を確保できなかったので、取りあえずは人数合わせの採用が行われたというだけの話だった。職務内容と無縁の学科を専攻した学生を採用したのも、以前なら採用しなかった大学に求人票を出したのも、人員確保のためだった。初任給の上昇率も高かった。こうしてあの頃、若者たちは、従来の常識から考えると破格ともいえる好条件で、企業に就職していった。

もっとも、学生にとっての好条件は、企業側にしてみれば、悪条件である。あの時代の企業の人事担当者は、さぞや頭を抱えていたことだろう。

このような状況下、急激に業績を伸ばしたのが、リクルート社だった。もともと同社は、一九七〇年に東大教育学部教育心理学科を卒業した江副《えぞえ》浩正が興した、小さな広告会社だった。それが八〇年代中期には、求人情報雑誌などにより、売上高五千億円を超える大企業になっていた。「フリーター」という言葉は、そのリクルート社の社員（当然、正規雇用者）が発案したものだった。一九八七年にリクルート社の雑誌「フロム・エー」の編集長が、多様な生き方を模索している若者を応援したいという気持ちと、そういう若者の存在を雇用する会社側にもアピールする目的で命名したのだという。

フリーとアルバイターというふたつの言葉をつなぎ合わせて創作した「フリーター」という造語は、当初のニュアンスとしては、企業に就職（正規雇用）しないで、自分の時間を自分で管理し、自由を楽しみながら、アルバイトで経済的には自立する若者像を提示したものだった。

当時、リアルタイムで「フリーター」のイメージを受け取った若者として、その印象を述べると、それはニュー・エリートの提唱であり、若者特有の選良意識をくすぐるものだった。明治の憧れの職業が「高級官僚」であり、昭和戦前期の憧れが「海軍士官」、高度経済成長期の憧れが「エリートサラリーマン」だったとすれば、バブル期の若者にとって「フリーター」こそは憧れだった。いや、それは現実に存在していたのではなく、憧れるべきスタイルとして演出されて提示された、というべきかもしれない。フリーターを「企画」したリクルート社には、そういう意図はなかったのかもしれないが、受け手の若者たちは、そのようなメッセージを感じた。

しかしフリーターが勤務時間を自由に設定でき、短時間に高収入を得られたというようなことは、現実にはあまりなかったようだ。また、あったとしても、それはあくまでバブル経済を反映した一過性・特殊例外的なものだった。

若者にとっての「わが世の春」である求人加熱時代は、長くは続かなかった。バブル崩壊後は、どの企業も一変して採用枠を縮小。さらには、バブル期に大量に採用した新人類社員は、不良債権ならぬ不良社員視されて、きびしいリストラに晒されることになってしまった。もちろん、それ以上に苛酷な状況に置かれたのは、非正規雇用者である。こうして、フリーターの持つ社会的意味合いも、企業側にとっては、すっかり様変わりしてしまった。

†社会はフリーターをどう扱っているのか

バブル経済期に誕生したフリーターは、豊かな社会だからこそ成立する、優雅なライフスタイルのはずだった。だが現実には、日本経済の停滞が続くなかで、フリーターは減るどころか急速に増え続けている。

労働省（当時）の統計によれば、フリーターという存在が社会的問題として認識されはじめた一九八二年、その人数はおよそ五十万人だった。それが一九八七年には七十九万人、一九九二年には百一万人、一九九七年には百五十万人と増加の一途をたどり、二〇〇三年には四百十七万人を突破したとの調査結果も出ている。

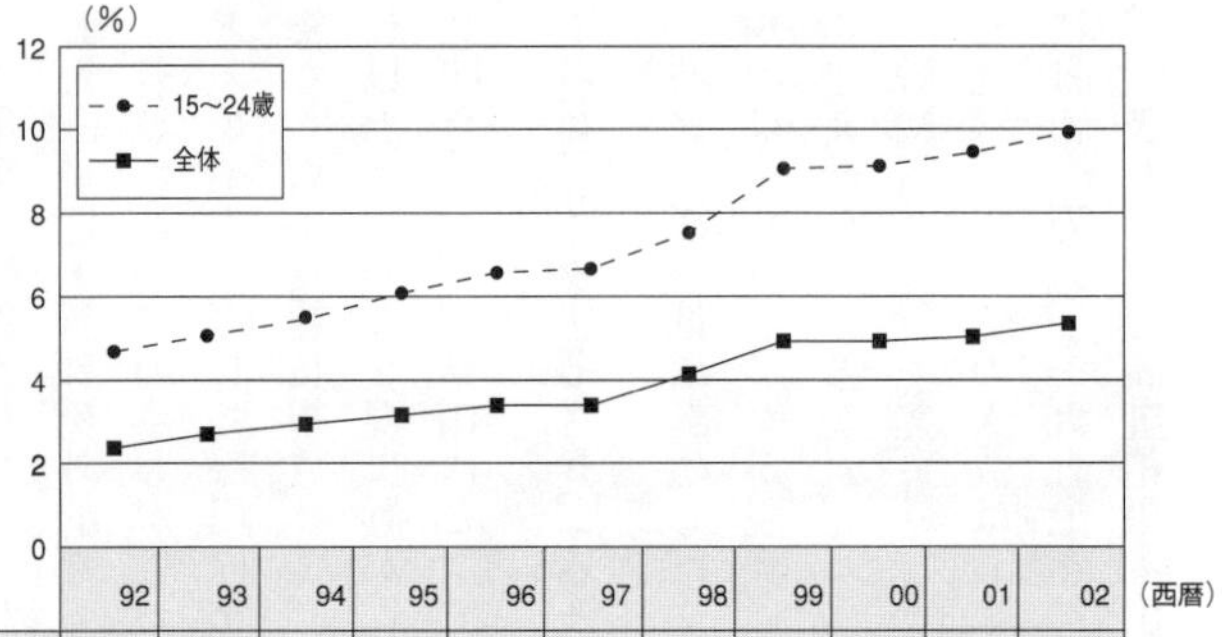

	92	93	94	95	96	97	98	99	00	01	02
15〜24歳	4.5	5.1	5.4	6.1	6.6	6.7	7.7	9.1	9.2	9.6	9.9
失業率	2.2	2.5	2.9	3.2	3.4	3.4	4.1	4.7	4.7	5.0	5.4

出所：厚生労働省　労働力調査

図1　15〜24歳の失業率推移

そもそも、こうした統計上で指し示されるフリーターとは、どのような人々を指しているのだろうか。

厚生労働省による現在の定義によれば、フリーターとは「十五歳から三十四歳の、アルバイトかパートをしている者」とされている。しかし、この定義は、窮余の策であって、その証拠にいくつもの但し書きがついている。たとえば、女性の場合は未婚者に限られ、男性では職歴一年以上五年未満に限定。さらに失業者のなかで正社員ではなくパート、アルバイトを希望する者も含むとなっているのだ。そしてこの定義では、彼らの収入額については触れられていない。

こうしてみるとフリーターは、単なる臨時労働者ではないことが分かる。同じ現場で同じ仕事を、共にパート雇用でやっているにしても、フリーターは出稼ぎに来た季節労働者とは区別されるし、中年の日雇い労働者や主婦のパート従業員とも別の存在だ。その一方、現実には労働に従事していないパート求職者（フリーターと地続きの存在としてのプータロー、プー子）をもその内部に取り込んでいる。

厚生労働省による法律的な言葉で、フリーターの実態を説明するのは、実に難しい。なぜなら、それは雇用統計ないしは経済統計のためのものであって、若者の「生き甲斐」を反映したものではないからだ。

だが、フリーターという言葉が誕生したとき、その言葉が指し示した生き方は、感覚的にはきわめて分かりやすく思われた。そしてあるイージーなイメージが、社会の側にも、またフリーター本人（さらには、その予備軍である若者）のあいだにも流布している。それは「自由を選択して、会社に縛られない若者」というイメージだ。当初の生活エリート的なイメージは後退したものの、依然としてフリーターには、「可能性に賭ける」「かっこいい」イメージが残っている。

そのことが、フリーターに対する「対策」の遅れと現実的な「拡大」の、そもそもの原因であるように思われる。

正社員の雇用が細ってゆく一方、フリーター需要は増大してきた。厚生労働省の調査によれば、二〇〇二年九月末における来春卒業予定の就職希望高校生の就職内定率は、過去最低だった二〇〇一年をさらに下回り、三三・四％と、過去最低を更新した。このため、厚労省は、正規雇用の仕事に就くように指導してきた従来の方針を転換。求人倍率が極端に低い地域では、雇用拡大のために、契約社員やアルバイトなどの求人を開拓し、非正規雇用の職業紹介を実施する方針を決めた。つまりフリーターの斡旋を、高校で行うことになったのである。

学校において卒後進路としてのフリーターの善し悪しを論ずる以前に、現実の厳しさから、否応なしにフリーターをも就職実績に加えることになりつつあるのだ。

それでも、フリーターというコースがあればこそ、多くの若者がプータローにならずに済み、限定的ながらも「仕事」に就けるなら結構ではないか、との見方もある。しかし、それをもって、一概にフリーターのための社会環境が整ってきたとみることは出来ない。

デフレ環境のなかで、パートやアルバイトの時給は下がってきている。さらにいうと、規制緩和で需要が伸びてきた「派遣社員」もまた、個々のフリーターにとって、その生活の向上をもたらすとはいえない。アメリカのワンコール・ワーカー同様、派遣社員の採否の主導権は、まず依頼企業（クライアント）が握っており、派遣会社と派遣社員の雇用関係も不安定だ。

いわば、最初からリストラを前提とした雇用。その結果、フリーターの存在は社会にとっても、フリーター本人にとっても、来るべき大きな悲劇の準備段階として、意識されている。

†ズレが拡がるフリーターの主観と客観

フリーターの最大の問題点は、彼らの抱えている問題が何であるのかが、彼ら自身にも社会の側にも、よく分からないという点にある。というのも、フリーターという括りのなかには、実にさまざまな異なる思想の持ち主、ときには極度に対立する価値観を持った人々が内包されているからだ。彼らのおかれている現状も、将来の目標も、目標達成の可能性も、千差万別なのだ。

そもそもフリーターというのは、職業なのか、ライフスタイルなのか、イデオロギーなのか、それさえもはっきりしない。就職情報誌は、フリーターを職種のごとく扱って求人募集を出しているし、フリーターに直接尋ねると、その多くはこれを自分が選択したライフスタイルだと答える。そして就職情報誌を発行する会社の社員（正社員）や一部のコンサルタントは、これを現在の雇用システムに対する批判的イデオロギーの実践的表現だと、肯定的に評価したりする。

ただひとつはっきりしているのは、程度の違いこそあれ、当人も社会の側も、これを最終的な到達点とは考えていないということだ。フリーターを自分に合ったライフスタイルだと主張する人にしても、そのまま生涯、今の収入、今の職務内容で満足というわけではない。そのことは、多くのフリーターと話してみて、実感したところだ。だが、それでもなかには「いい仕事がなければ、一生、フリーターでもいい」と語るフリーターもいた。

自立した個人ならば、自分の生き方は自分で決めればいい、と私は基本的に思っている。しかし、「自由」で「非・企業」的であるはずのフリーターは、そもそもはリクルート社という企業によって名付けられた存在だった。その点を、フリーターを選択する者は、自覚しておいたほうがいい。

ここでフリーターを生んだリクルート社の事情を、想像してみたい。

周知のとおりリクルート社は就職情報企業だ。その企業にとって、雇用の流動化を促進する因子としてのフリーターは、ビジネス上有利な「物件」である。ひとりの人間が一生に一度しか就職しなければ、就職情報誌は一度しか必要ない。だが、若者がフリーター化して年に数回職を変えるようになれば、生涯に数十冊の情報誌を手にすることになるからだ。就職情報誌にとって、その人が転職の度にキャリア・アップしてゆくか、それとも減収を余儀なくされるのかは分からないし、どちらでもいい。肝心なのは、回数が多ければそれだけ就職情報誌は売れるということだ。証券会社が、顧客が儲かるか損をするか別にして、売り買いの回数が多ければ多いほど、手数料収入が上がるというのと同じ事情が、ここにある。

別に私はリクルート社を非難しているわけではない。非難する理由もない。ここで述べているのは経済の原則である。証券会社が、自社の利益を確保した上で、顧客もまた利益を上げることを望んでいるように、リクルート社も、就職情報誌の売上げ増大を追求する一方、その利用者である若者の幸福を願ってもいるに違いない。だが、優先順位はあくまで、自社の営利追求が上であることが「正しい」のである。就職情報産業は若者のためのボランティア団体ではない。

あえてこのような当たり前のことを強調するのは、人間（ことに素直で純粋な若者）は、意識的に注意していないと、つい、すべての状況を自分に都合よく解釈してしまいやすいからだ。だから私は、フリーターの問題を、なるべく意識的に考えたいし、フリーター自身にも意識的になって欲しいと思う。

他人は、あなたのためには考えてくれない。人は意識的にせよ無意識的にせよ、自分自身のために考え、行動する。恋人だって、自分の愛のために行動するのであって、相手の人のために考え、行動するわけではない。唯一の例外として、親子の情があるが、それとてもあなたが発揮するのは構わないし、そうあるべきだが、あなたが自分の親や子供に対してそれを求めるのは間違っている。愛情の発露は、与える側の自己決定によるのであり、受ける側の権利ではない。

これは人間不信の言葉ではなく、他者への許容のための言葉だと思っていただきたい。

また、友人であれ家族であれ、あなたが困っているときに、あなたが望むような援助の手を差し伸べてくれなかったとしても、「信じていたのに」という言葉だけは、発してはならない。もしその言葉が出かかったら、あなたは今の自分が、信じていた相手に、そんな信じられないことをせざるを得ないような負担をかけているのだと自覚すべきだ。

自分が自分であるように、他人は他人でそれぞれの考えがあるのである。自分の自由を尊重して欲しいと望むなら、同様に、他人の自由を尊重しなければならない。それが「自由」を選択する人間の、最低限の務めであり、立脚点である。

第二章

フリーターは告発する

†仕事と恋愛したい若者たち

世間の側には、フリーターは労働意欲に乏しいという固定観念が、依然として根強く存在する。だが、実態は違う。少なくとも、フリーター自身の意識のなかでは、「仕事」はきわめて重要で特別な意味を帯びている。むしろその真面目さの故に、彼らは正社員にならずにフリーターをしている、とさえいえる。

「本当に自分が好きなことを見つけたい。そして、それを自分の一生の仕事にしたい」というのが、多くのフリーターが異口同音に語る理想である。

「誇りを持って、情熱を注げる仕事がしたい」

「仕事自体を楽しいと思えなかったら、人生のかなりの部分を、無駄にしてしまうことになる」

「やっていて楽しい、自分の生き甲斐になるような仕事に就きたい。だけど、それがまだ見つからない」

「ぼくだって、やりたいことを見つけたら、がんばれるんだけどな。好きなことを仕事にしたら、すっごいパワーが出せるはずなんだけど」

彼らによれば、彼らが今、正社員としてはたらくに至っていないのは、自分のやりたい仕事が見つからないか、夢はあってもその仕事に就くのが困難だからである。そのため、今は仕方なくフリーターをしながら、チャンスを窺《うかが》っているのだという。夢に向かって（あるいはその「夢」を探し続けるために）、フリーターという自由の利く労働形態を選びとっているという。

そして、「本当の自分に相応《ふさわ》しい仕事」が見つかったら、その仕事に就いて必死ではたらく。それこそ、自分のすべてを捧げて。

こうしてみるとフリーターの理想は、かつてのモーレツ社員と同じではないか、と思われてくる。「仕事」を人生の中心に据えているという点では、フリーターの「天職」観は古典的である。若者たちは自分のすべてを捧げられる仕事を求めている。ただ、それをどうやって見つけるかという「出会い」だけが、ひどく不幸にこじれている、というのが彼らの主張だ。

彼らの話を聞いていて、唐突なようだが、私は北村透谷の『処女の純潔を論ず』（一八九二）を思い出した。そのなかには、こんな一節があった。

それ高尚なる恋愛は其源を無染無汚の純潔に置くなり。純潔より恋愛に進む時に至道に叶える順序あり、然れども始めより純潔なきの恋愛は飄洋として波に浮かるる肉欲なり、何の価値なく何の美観なし。

これは恋愛の純粋性に関する文章だが、文中の「恋愛」を「仕事」に置き換えてみると、そこにはたちまち「生き甲斐になる仕事」「本当の自分を表現する仕事」に向けるフリーターの熱い眼差しが見えてくる。現代の若者は仕事と恋愛したいと考えているのではないだろうか。

前近代では、たいていのひとは生まれたときから、将来の仕事が決められていた。それは生まれたときから、家によっていいなずけが決められていたようなものだ。それが明治以降は〈自由〉に相手を選べるようになった。仕事も結婚も。とはいえ〈自由〉にもおのずから限界がある。なにしろ相手あっての話なのだ。

近代になっても、しばらくは然るべき仲人を立てての見合い結婚が「正しい」とされた。職業も同じで、本人の能力、学歴、家庭環境（コネを含む）などにより、本人の希望よりも条件優先で決めるのがふつうだった。明治時代の薩長藩閥、大正・昭和の学閥・軍閥は疑似家族的な身内意識で結びついていた。戦後も、学校やクラブの先輩が、「会社」との見合い（面接）をセッティングしてくれたりしたものだった。

六〇年代のモーレツ社員が、そんな「見合い結婚」で仕事に就いたとすると、フリーターは「本当の仕事」との出会いを求めて、恋愛を繰り返している。どちらも、納得できる相手にめぐり会えれば、きっといい家庭（職場）を持てるだろう。しかし問題は、はたして相手を決められるかどうかだ。そして、決めたあとで「もしかしたら、別の相手のほうがよかったんじゃないか」と迷わないかどうかである。いや、もうひとつ、重大な問題があった。こちらが求愛しても、相手が応じてくれなければ、話にならない。ああ、やっぱり職業選択は結婚に似ている。

もし就職が結婚なら、恋愛か見合いかという形式よりも大切なものがある。そのひとつは、若者たちが気にしているように両者の相性。もうひとつはどちらが主導権を握るかだ。仕事における主導権には、いろいろな次元があるだろうが、その最低ラインは関係継続についての決定権をどちらが握るかである。

†雇用主導権をだまし取られるな

自分が就くべき（就きたいと思う）職業を、慎重に選んでいる若者たちと話していて、面白く感じたのは、多くのフリーターが正社員に就かない理由として「一度、正社員になってしまうと、辞め難いから」と語ったことだった。入社もしないうちから、何もそんなに会社に義理を感じなくてもいいのに、と私などは思ってしまう。みんな、真面目だなあ。

今現在、目標が決まっているならまだしも、夢が見つからないのなら、取りあえずは就職して、正社員としてはたらきながら夢を探し、見つかったら会社を辞めればいいのではないか。

ところが若者は、フリーターなら好きなときに辞められるが、正社員だと自由に辞められないと考えている。もちろん、自己都合で辞職をする場合は、ある程度事前に申告をするのが望まし

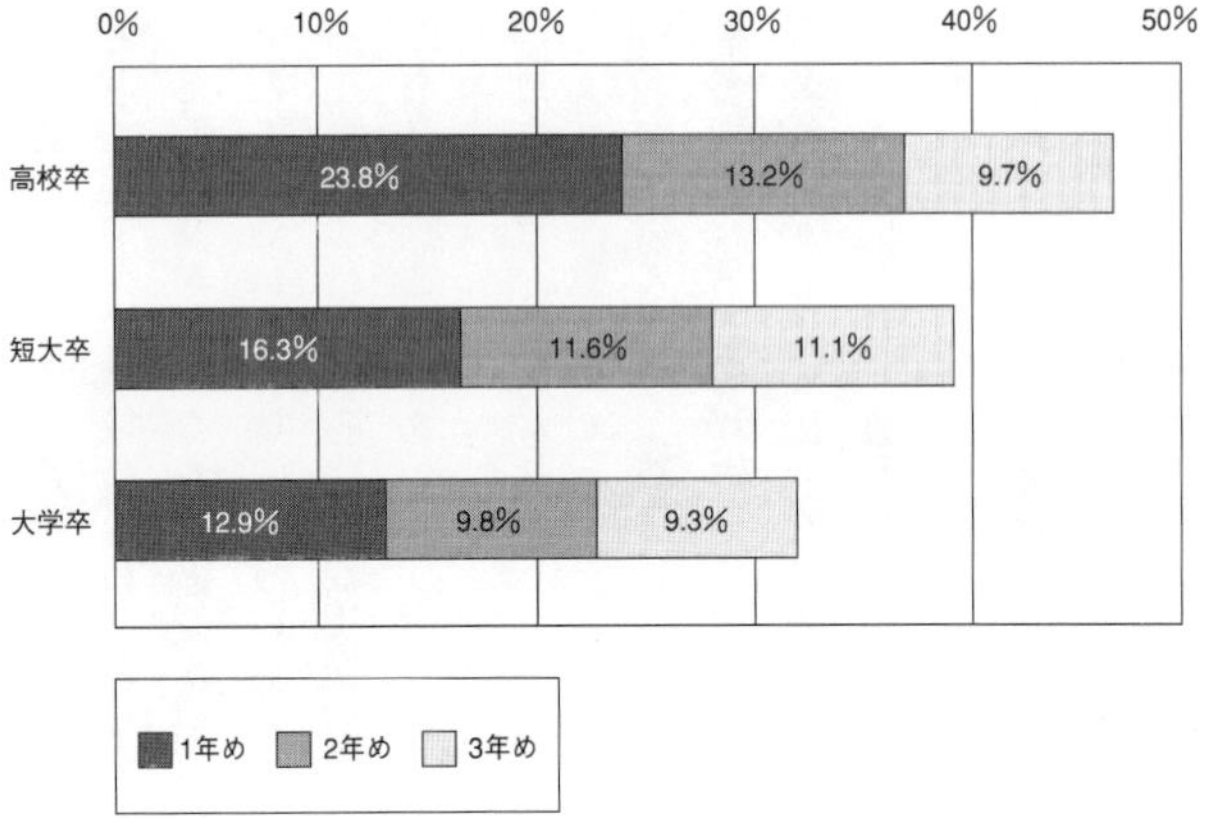

出所：厚生労働省新規学校卒業就職者の就職離職状況調査2001

図2　新卒就職3年後の離職率

い。だが、法的に義務づけられているわけではなく、辞めたいときに辞めることは、別に違法でもなんでもない。辞職の自由に関して、フリーターと正社員のあいだに差はないのだ。一方、正社員に比べてフリーターは容易に解雇されやすい。つまりフリーターの場合、雇用関係の主導権は、雇用側に一方的に握られている。

しかも実際には、現在の若年正社員就職者の離職率はかなり高いのである。それでは、正社員として就職した若者がすぐに離職するのは、ステップアップを果たして、より自分の理想に近い職業に転職するためなのかというと、どうやらそうではないらしい。

フリーターの増加とならんで、若者の就労意欲低下の象徴とされるのが「七・五・三離職」である。新卒採用で正規雇用された学卒就職者のうち、三年以内に離職する割合が、中学卒では七割、高卒者では五割、大卒では三割にもなるという。しかも離職者のかなりが、正規雇用での再就職を決めずに離職する。つまりフリーターへと転じてゆくのである。こうして定職につかない若者が、新卒者ばかりではなく、正社員を目指して、一度は現実にその勤務を体験した層からも、年々、増加している。

このことは、通常、若者の正社員離れを表す指標と考えられていた。若年離職者の離職理由の第一位が「自己理由」であることも、こうした観測を助長させた。

しかし労働経済学者の玄田有史氏は、こうした事態を踏まえた上で「若者の意識としては、正社員として働きたいと思っている人々も多い。その傾向は長期的にはむしろ強まってきている」(『仕事のなかの曖昧な不安』二〇〇一)と指摘している。玄田氏によれば、「就職構造基本調査」(総務省統計局)を分析した結果、転職希望者に占める正社員になりたい人の割合は「十五〜二十四歳、二十五歳〜三十五歳のいずれの年齢階層でも、正社員になりたい転職希望者は増えつつある。自分にもっと適した正社員としての就職先を求め、実際に転職活動をしている若者が少なからず存在している」「正社員として能力を発揮できる就業機会が減った環境の変化こそ、重要」だという。つまり、若年者の非正社員化は、自分の希望する条件ではたらきたいといった若者側の姿勢によって生じた「贅沢な現象」ではなく、企業側の門戸が狭まったことによって、希望しても正社員になれない若者が増加したために起きているというのだ。

だがそうなると、かえって、その獲得困難な正社員の椅子を、一度は手に入れながら早々に手放してしまう若者が多い理由の説明には、なっていないようにも思われる。

玄田氏は、七・五・三離職発生の事情を「卒業時点の失業率が高まると、正社員になり難くなるだけでなく、希望どおりの就職ができない。そのために転職しがちになる」（前掲書）と解読している。たしかにそうかもしれない。

だが、これでは堂々巡りだ。

そもそも、ある人物が希望した職に就けなかったとしたら、その理由は、その人自身の能力が、希望する職に適合しなかったからだと考えなければならない。少なくとも採用側は、そう判断したわけである。もちろん不況下で採用枠が縮小しているという状況は、今の若者には気の毒だ。終身雇用制度の下では、卒業時の景気動向という外因によって、就職先が左右されてしまう。

だが、こうした理不尽は、どの時代にも存在する。かつて昭和十年代の若者（男性）は、徴兵適齢だというただそれだけの理由で、多くが戦場に送られた。そして多数の若者が死んでいった。生まれた年がずれていれば、それだけで戦場には行かずに済んだ（内地で空襲にさらされたとしても）。この理不尽は、不況下での就職難の比ではない。

機会均等の原則は、理想として掲げられるべきだし、そのための制度改革は必要だ。しかしどんな制度の下でも、厳密に平等な社会（結果の平等ではなく、機会の平等としてでも）は、おそらく実現することはない。少なくとも、現に実現していない「社会の公正性」に、今、期待することは有効ではない。これからの改革に期待するとしても、今は間に合わないのである。

けっきょく人間は、個人としては、社会の変革を求めてささやかな努力をすると同時に、おかれた現状下で最大限の努力を、自分自身のためにするしかない。戦場に送り出されてしまったら、自分の命は自分で守らねばならない。平和への努力は、生きたうえでなければ出来ない。

にもかかわらず、「希望どおりの就職」に適応し得るような自己変革をしないで離職しても、それは何の解決にもならない。奇しくも玄田氏が述べているように、正社員を志望しているのは「若者の意識」であって、「若者の行為」そのものは、自らの志望と不適合な方向に向かって転がっているように感じられてならない。

†社会への悪影響?

このような考えを、ある若者(正社員)に話したところ、「現実は部外者が想像しているより、ずっと厳しいですよ。七・五・三離職は、もともと、企業側が最初から多めに人材を採用しておいて、それから不適応な人間は切り捨てるから、起きるんです。リストラというと中高年の人たちばかり話題になっているけれど、今の若手の採用なんて、正社員でも仮採用みたいなものなんです」とのことだった。

以上の話から、思い浮かぶのは、たとえばこんな状況だ。

「自分の希望する条件での正社員」のポストがない、あっても就職試験に落ちてしまった。しかたがないので、条件を落として妥協して不本意なところに就職する。だが、一度は諦めたはずなのに、現実は想像していたよりも苛酷で、「我慢しよう」と思っていた限度を超えていた。サービス残業は当たり前だし、ノルマが厳しかった。ノルマを果たせずに、次第に会社に居づらくなり、自分から辞表を書いた。理由は「一身上の都合により」としたが、実質的にはリストラされたようなものだった。

何だか哀しくなってきた。

そもそも社会（ゲゼルシャフト）がフリーターを問題視するのは、なぜだろう。若者に求人がまわりにくい環境を形成しておきながら、若年者の失業やフリーター、パラサイト・シングルを問題視するのは、矛盾している。

社会全体が若者の労働問題を憂えているのは、フリーター自身のためではない（ただし、フリーターの親たちは切実に心配しているだろうし、その集合体としての「身内社会〔ゲマインシャフト〕」もまた、憂慮しているだろう。ちなみに、「社会」と「親」が、フリーターを許容する理由もまったく別の理由からである。この点については後述する）。

フリーターが社会問題になるのは、そうした雇用遊軍的存在が過度に増加すると、社会全体の生産性が低下し、経済が停滞すると考えられているためだ。また正規雇用者とは異なり、基本的には低所得だから、税金もあまり取れない。したがって国家財政を圧迫するおそれもある。

だがそうした問題点は、フリーター自身の不利益ではなくて、社会の側のダメージに過ぎない。したがって、このような指摘が、フリーターへの警告になるとは思えない。多くのサラリーマンが第一義的には社会を支えるためにはたらいているわけではなく、自分自身か、せいぜい自分の家族のためにはたらいているのと同様に、フリーターも、社会の維持なんてことは、端《はな》から考えていないだろう。むしろ「ちょっとの仕事で、大きな福祉」を受けられたら、そのほうが得、という計算だって成り立つ。

実際、ある意味でフリーター型労働は、日本のように低所得者に対する福祉を敷き、高額所得者には各種の累進課税を課している国家制度に対する賢い対抗手段でもある。もちろん、フリーター層が増大し続ければ、今までのような社会保障制度そのものが成り立たなくなるのだが。

その一方で、経済規模が縮小するなか、雇用確保のためにワークシェアリングを導入しようという動きも見られる。それだけ「仕事」を獲得するのは難しくなってきており、フリーター型労働は社会的に容認されつつある。だが、そうした社会の変化も、フリーターのためのものではない。平等社会だと思われてきた日本社会の階層化が明らかとなる過程で、単純低賃金労働者層を、事後承諾的に社会構造に取り込もう（雇用側に有利な労働力として使用しよう）とするものにほかならない。主導権は、今のところ雇用側に握られている。

さらに世代間格差の問題もある。現在、すでに就職している中高年者に対する既得権保護が手厚いために、若者の就職が圧迫されているのである。そして現在のところ、扶養家族や長期の住宅ローンなどを抱えている中高年労働者の雇用問題のほうが、社会的に深刻視されており、フリーターの正社員化が容易になる方向には、社会改革は向かっていないのが実情だ。フリーターのなかには、本当は正社員としての就職を望みながら、適えられない潜在的失業者がいる。今の若者は自尊心が強いので、なりふり構わず就職口を探しはしないが、彼らがいよいよせっぱ詰まったとき、社会はどうなるのか、という不安はある。

†サラリーマンへの反感の起源

その一方で、多くのフリーターは、今現在の自分に不安を感じつつも「サラリーマンにだけはなりたくない」という。フリーターの対立概念として想起される正社員というのは会社員や公務員であり、つまりサラリーマンである。

では、サラリーマンとはいったい、どのような存在なのだろうか。問題になるのは、現実の個々のサラリーマンの生き様ではなく、若者に「情報」として共有されているイメージとしてのサラリーマン像である。

ここで思い出される時代風潮が、もうひとつある。それは「チーマー」だ。渋谷の街角などで、何をするともなくたむろし、道端に座り込む若者グループとしてのチーマーが脚光を浴びたのも、ちょうどフリーターの誕生時期と重なっていたように思う。

当時、彼らが注目されたポイントは二つあった。そのひとつは、ストリート系、脱力系といわれたそのファッションであり、もうひとつは「おやじ狩り」という犯罪によってだった。「おやじ狩り」はしなくても、彼らはサラリーマン全般を「サラ公」と呼び、ひどく差別的な視線を向けていた。

今から十五年ほど前、私はライターとしてチーマーを取材したことがあるが、彼らが異口同音に、サラリーマンを「卑怯」「卑屈」「戦ってない」「無気力」という言葉で表現したのが、印象に残っている。

大人たちは、今時の若者を無気力でだらしない存在と見なしがちだが、若者の側では、逆に大人のことを無気力で自堕落だと見ていたのである。

チーマーによると、サラリーマンは自分の力で戦うのではなく、組織の力とか肩書きに頼り、ちゃんと自分で何かを決めたり成し遂げたりせず、物事を曖昧にごまかしたり、責任を人に擦《なす》り付けたりする。そのくせ威張りたがる。そこがムカツクのだという。

私は、そのように語るチーマーの様子から、そのサラリーマンとは、より具体的には、彼ら自身の親なのではないか、と感じた。あるいは、彼らの親が酒に酔って愚痴りながら口にする「上司」や「世間のやつら」の姿なのかもしれない。そしてチーマーが「サラ公」を異常なまでに嫌悪するのは、それが自分の親であり、あるいは親を抑圧するその「上司」であると同時に、いずれはそうならざるを得ないであろう将来の自分自身だと気付いているからではないか、と。

日本のサラリーマンは「競争する自由」を持っていない。会社秩序のなかで、個性を殺し、自分の意見を矯《た》めて、暮らしている。若者たちは、そう感じている。

フリーターが「会社」を拒む理由のひとつには、滅私奉公型で会社中心の生活をすることへの嫌悪がある一方、競争原理によらない「不自由」で「不透明」な職務内容への疑問がある。会社あるいは公官庁といった組織では、目立たないことがいちばんであり、ミスをしないのはもちろんのことだが、目立つような功績を上げてもいけないのだ、という神話がある。出る杭は打たれるので、能力を隠して周囲の人々と調子を合わせておかないと、職場で浮いてしまい、足を引っ張られ、結局は排除されてしまうというのだ。

現実にどうなのかは分からないが、そうした「能力よりも協調性」神話があるのは、事実だ。若者が何よりも嫌悪している「組織の毒」は、この協調性の強制である。納得できない仕事の進め方（自分の考えでは誤っているか非効率的な手法、会社ぐるみの不正行為など）に、組織の歯車となって加担するのはいやだ、実力で勝負できる仕事のほうが、たとえ困難は多くとも、自分には向いている、と若者たちは言う。

一時の外資系企業の人気は、そうした若者の会社観を反映したものだった。外資系企業では、日本企業のような年功序列制度ではなく、能力評価に基づく給与体系が一般的だからだ。外資系企業では、個々の社員が自分の能力をフルに発揮して仕事をし、その業績に応じて給与が支払われる。この場合、当然ながら日本企業の同年輩のサラリーマンよりも低くなることもある。それでも、それが自分の「実力」もしくは「成果」が正当に評価された結果なら、納得できる、ということなのだろう。

もっとも、自由な社会だと考えられているアメリカでも、ビジネスマンの事情はあまり変わらないらしい。ポール・ファッセルはその著書『階級』（一九八七）のなかで、非エリートのサラリーマン像を、次のように要約している。

ＩＢＭやデュポンは、二流大学から会社のために身を粉にしてはたらく兵隊要員を集めてくる。彼らは会社に忠勤を励み、命令一つで二、三年ごとに遠く離れた僻地を転勤してまわることになる。彼らは会社の肩書きがなければまったく無価値な人間であると教えられ、自分でも、まったくそのとおりだと考えるようになる。各人の個性や、少しでも変わったところが目に付くと、社内生存上、不利になるので、新入社員はまもなく自己主張を控えるようになる。職を失うのを恐れるあまり、彼らはだんだん受け身になってゆく。そして自分が無限に巨大化してゆく大きな組織の、単なる部品にすぎないと自覚するにつれて人間性を失ってゆく。しかも、その部品は取り替え可能なのである。実際、ＩＢＭのある重役は「訓練さえすれば、どの社員も交換は容易だ」と発言している。

この構図は、日本企業もアメリカ企業も変わらない。そして交換可能な歯車としての労働者のなかでも、非正規雇用者は最も交換しやすい歯車として扱われている。

†日本型組織の利点と欠点

日本型組織では、社員はその人の能力によって評価されるわけではない。それでは、何によって評価されるのかというと、いかに「したがう」かによってだ。実情は不明だが、フリーターの多くは、そう考えているようだ。

私はフリーターに会う度に「会社員になりたくない理由」を尋ねたが、その答えのトップは「会社員は会社に拘束される」というものだった。しかしこれだけでは、その嫌悪感の内実が、よく伝わってこないかもしれない。アルバイトであれ正社員であれ、仕事をしている以上は、ある程度職場に拘束されるのは当然であり、違いがあるとは思えないからだ。だからフリーターが嫌っているのは、会社での正規の仕事というわけではないらしい。

フリーターの嫌悪の対象を、より具体的に突き詰めれば、それは日本型企業の人間関係ということになるようだ。会社の本来の仕事に付随する雑多な「おつき合い」や「慣行」や「しがらみ」が、若者の嫌悪もしくは恐怖の対象なのである。

そして実際、日本型会社慣行には、問題がないわけではない。紀田順一郎氏は『読書戦争』(一九七八)のなかで、早くから日本の会社員が「個」を貫くことの困難さを指摘していた。なかでも、自身の体験を具体的に述べている部分は迫力があるので、引用させていただく。

一九五八年、不況の年に中小企業に入った私は、研修会のとき、いきなり部長から質問をうけた。

「おい、キミ。キミはどういう本を読む?」

どういう本といっても、イーリアスからクリスティまで読んでる者が、おいそれと一口に答えようがありません。また、そのいずれもがその場の雰囲気にふさわしくないことを直感して、私はしばしば言いよどんだものです。

「まあ、試験で本も読めなかったろうが」と、その部長氏は憐れむような口調で言ったものです。「キョーヨーはつけとくんだな。それも週刊誌以上の、な」

(中略)私は黙って、部長氏の脂ぎった自信たっぷりな顔から目をそむけました。

紀田氏の場合、「読書」「教養」が個人のレゾンデートルに関わる重要な意味を持っていた。そして、就職の時点で既に自己のアイデンティティを確立していたからこそ、企業での生活が耐え難いものになっていったのである。

さらに会社では、こんな生活が待っていたという。

上役は「週刊誌以上の教養をつけろ」といいますが、私の配置された営業の仕事は、それこそ教養が邪魔にしかならないような性質のもので、要するに一切の自分を殺して黙々と兵隊蟻のように働く人間しか求められていなかったのです。麻雀と酒と、上役をゴルフのさい送り迎えをするための運転技術——これだけが新兵たちに求められる〝教養〟のすべてだったのです。(中略)同期入社の大卒が、これは学生時代に麻雀や女遊びしか能のなかったような男で、あっさりとそうした職場環境に乗っていくのを見ると、いよいよ暗い気持になるのでした。

実は私は、高校時代にこの本を読んで、自分は会社員にはなれないと諦めたのだった。

とはいえ、日本型企業制度にも利点はある。日本企業の強さの理由は、社員の家族的なまでの結束の堅さにあるといわれてきた。そうした精神風土は、終身雇用と年功序列というシステムによって維持されてきた。そこには労使双方にとって大きなメリットがあった。

社員は長期間にわたって雇用が保証されるので、安心してはたらける。そして、生涯、一つの企業に勤務するものと思っているから、先輩社員は自分が身につけている知識や経験を、積極的に後輩に教えようとする。また後輩は、先輩の指導によくしたがう。研究開発部門についていえば、こうして世代を超えた研究者間の協力関係がスムーズに運び、しかも研究のノウハウが伝授されるという、欧米では考えられない現象が見られた。

転職のチャンスが多いアメリカでは、このような現象はまったく考えられないものだった。アメリカは個人の業績や知識が最大の武器となる社会なので、同じ会社の共同研究チームのメンバーであっても、安易に研究内容を部下に教えることはしない。極端なケースでは、新規開発の研究内容を把握しているのはそのチーム・リーダーである主任研究員だけという場合もある。ほかの者は細分化された項目のみを担当させられ、自分の仕事が研究全体のなかでどのような意味を持つのか分からないままに仕事をするのである。皮肉なことに、日本型組織よりも欧米型組織のほうが、社員を仕事の「全体」から切り離された「歯車」へと押しやってしまっているのだ。

そんな状態では、スキルを磨くのは難しい。

†「おつき合い潤滑油説」の虚妄

日本の技術立国の背景には、蓄積された企業内ノウハウの共有化があった。

だが、それでは日本企業における上司の後輩教育が、本当に意味あるものなのかというと、かなり疑問がある。

先に引用した紀田順一郎氏のケースでいえば、部下に麻雀を強要する上司は、けっきょく、自分の趣味や娯楽に、部下を巻き込んでいるというだけのことだ。それは官官接待ならぬ社内接待である。そして厳密にいえば、それは会社の資産である社員の労働力を、上司が私的に流用しているという点で、業務上横領にほかならない。そのようにして浪費された労働力は、本来なら株主や顧客が受け取るべき会社の利益からの配当金、あるいは製品の低コスト化といった利潤還元に供せられるべきものであり、それらを食い物にする「社内の人間関係の潤滑油」は、長い目で見て、日本経済を衰退させたひとつの要因だった。

その接待が社外に向いていたとしても、意味するところは同じである。

製品の善し悪しで勝負すべきところを、接待攻勢によって受注を獲得し、コネで売り込むという態度は、真の意味での企業の生産性を低下させた。そうやって直接的な生産性ある「仕事」以外に、つき合いや調整のために、いかに多くの労働力が食いつぶされたことだろう。そのような潤滑油主義こそは、日本企業最大の癌だった。

男たちは（今ではワーキングウーマンも、同じことをいうのかもしれないが）、こうしたつき合いもまた、仕事だという。だが、そんな潤滑油だらけの上滑りした油ギトギトの回転がバブル経済を生み、それがはじけたのが日本の現状だ、と私は思っている。

そして今、フリーターになった若者たちは、このような潤滑油主義に「NO」の声をあげているのだ。ようやく、そうした批判の声が企業の内部にも届いたのか、あるいは会社の経常利益減少の結果、もはや潤滑油の名の下に消費に供する接待費財源が枯渇したためか、急速に日本の会社から、過剰な「つき合い」は減少しつつある。もっとも、それと同時に、必要とされる社員の定数も減少しつつある。

だが、それは現役サラリーマンにとっては、まことに厳しい事態だ。

フリーターから「サラリーマンの愚痴は聞き苦しい」という意見が、よく出る。居酒屋ではたらいているフリーターは、「よくもまあ、みんな同じような不満を、繰り返していますね。あきないのかな。いちばん多いのが上司の悪口で、次に『会社は冷たい』という決まり文句。それなら辞めればいいのに。不満を口にしながら勤め続けるのは、みっともない」と言っていた。

これが定年退職後の元サラリーマンになると「会社は冷たい」発言率は、ますます高まるらしい。ワーカーホリックといわれるほどに会社と密着した人生を歩んできた人にとって、退職後の人生は、不満と愚痴と、せいぜいかつての自慢話だけになってしまうのかもしれない。かつて某印刷会社に校正係として勤務していたことのある畏友・倉阪鬼一郎氏は、この手の社員を「会社おたく」と呼んでいたが、その定年後の「安泰」について、こんなことを述べている。

会社おたくの最大の敵は定年である。だが、案ずるには及ばない。彼にうってつけのポストが用意されている。定年退職者によって構成される親睦会の世話人である。かくして彼は、死ぬまで自覚症状がないまま、会社おたくとしての一生を全うするのであった。

(倉阪鬼一郎『活字狂想曲』)

だが、どうやらそのようなポストも定員が限られるのか、幸福な定年退職者ばかりではないようだ。私が直接、定年後のサラリーマンから聞いた話で、このような意見があった。

「会社は冷たいですよ。辞めてからしばらく経って、たまたま近くを通ったもんで、以前の職場に顔を出したことがあったんですよ。すると誰もが、話をするのも惜しいといった態度でね。ちょっと前までは、部長、部長といって、擦りよってきてた奴に限って、そうなんだから」

もっとも、この発言者に同情はするものの、その意見には同意することは出来ない。そもそも仕事中に、会社を辞めた人間に来られても、迷惑なのが当然なのだ。たぶん、件《くだん》の発言者も、現役時代にはモーレツ社員だったのだから、仕事の邪魔をする人間は、たとえかつての上司でも、迷惑だと考えたはずだ。また、かつて彼におべっかを使った人間は、別に彼個人におべっかを使ったのではなく、「上司」という「立場」に擦り寄っていたのだから、今の彼には興味はないのだ。今は別の「上司」がいるのだから、そちらにおべっかを使っていることだろう。それはかつての部下が「変わった」のではなく、そもそもそのような人間だったからこそ、以前は彼を立ててくれていただけなのだ。

繰り返すが、会社は労働の場である。決して仲良しクラブではない。会社人間は、会社に身も心も捧げているように見えて、その実、給料のほかに、あらゆる満足まで会社から引き出そうとしているかのようだ。

若者の「会社離れ」は、そのような「会社人間」の上司に、私的に搾取されたくないという気持ちを反映している。そして若者はまた、自分も正社員になり、会社が自分の全世界になってしまうと、いつか自分も会社人間になってしまうのではないか、という危機感を抱いているのだ。

だが、「会社に頼らない生き方をする」ということと「正社員にならずにフリーターでいる」ということは、実際には無関係な、別次元の問題である。この二つの混同が、無思慮によるのでないとすれば、そこには自己逃避の欺瞞が潜んでいる。

では若者は、何から逃げようとしているのか。あるフリーターが興味深い話をしてくれた。彼女の家庭では、父親がリストラされてしまったのだそうだ。父親は「会社は冷たい」というお決まりの文句を口にしたという。

「会社に人生を捧げるようにして、正社員になることは、とても怖いと思うようになりました。だって、父親はそれこそ家族を犠牲にして会社のためにはたらいてきたんですよ。若いときには、安い給料で、サービス残業にサービス休日出勤ばかりで。それでようやく、そろそろ給料が良くなる年齢かなと思ったら、賃金カットで、とうとうリストラ。会社を頼った生き方って、本当に不安定だと思います」

では、どんな仕事が「安定」しており「頼りになる」のだろう。ひとつはっきりしているのは、今の日本ではサラリーマンが不安定だとしても、フリーターがサラリーマンより安定しているわけでは、決してないということだ。

第三章

決められない若者

†自己決定という重荷

誰でも、これまでと違う生活に飛び込むのは不安だ。就職や結婚は、人生の大きな転機であり、それだけに、決断するのは躊躇《ためら》われる。「決める」ためには、「決める」だけの理由が必要だし、その前に「決める」だけの能力と自信がなければならない。すなわち、自己決定できる「大人」にならなければならない。

世襲身分制度の前近代には、例外的な少数者を除けば、自分の将来は選択するものではなく、生まれたときにあらかた決められていた。そんな社会では、仕事は、外部から命ぜられるままに従事するものだった。しかし今は違う。誰もが自分の将来を、自分で決めることができる。それは人間の権利である。だが、同時に義務でもある。今やわれわれは、誰もが自分で自分がいかなる存在となるかを自己決定しなければならない。だが、そんな大きな問題を、どうして決めることが出来ようか。まして、経験も乏しい若者に。そこで近代以降の社会では、青春期というモラトリアムが、暗黙裡に認められるようになった。

緊急事態に際しての支払猶予期間を意味する「モラトリアム」という言葉は、心理学上では、成長過程の責任義務自己決定の猶予期間の意味で用いられる。

本来、オトナ＝社会の側が青年にモラトリアムを与えるのは、まず第一に青年たちがオトナ世代から知識・技術を継承する研修＝見習い期間を与えるためである。この期間中、当然青年は、親なり、オトナ＝社会の一定の機構なりに、経済的・心理的に何らかの形で依存せざるを得ないが、古くそれは徒弟奉公期間であり、近く現代社会では、大学生活がその代表的なものである。その意味で、伝統的にこのモラトリアム＝見習い期間の長いのは、高度の技術の習得を要する専門技能者の卵、たとえば研修医や司法修習生、役者、芸術家などであった。つまり、この猶予期間中の青年たちは、未熟なまま世の中の現実にまきこまれて自分を見失わぬよう、将来の大成を期待される見習い人としての身分を保証される。

（小此木啓吾『モラトリアム人間の時代』）

一九七七年に、主に大学生を念頭において書かれたこの記述は、現代のフリーターの主張や状況をオプティミスティックに擁護する文章としても、読むことができる。それはこの四半世紀のあいだ、若者の抱えている問題は少しも変わっていないことを意味する。そして社会は、その解決策をフォロー出来ずに来たともいえる（本当に解決するのは、若者自身の「決定」しかあり得ない）。

ただし注意しなければならないのは、小此木氏が取り上げた古典的モラトリアム人間は、その文中に明示されているように医師や弁護士といった職種を念頭においている点だ。こうした職種を目指す人々は、たしかに実社会に出るのが遅くなる傾向がある。だが、彼らの「モラトリアム」と「フリーター」が決定的に違うのは、これらの職種を目指す過程でのモラトリアムは、大学・卒後研修などによる研鑽期間の長さに由来し、その延長された実務学習期間に、職業適性たる人格形成をも行うことになっていた。そして、その研修と修了後の職業が、密接に結びついていたのだった。

モラトリアムはその猶予期間中に獲得した技術や知識や思索によって、当人の社会進出時の基礎的価値を高めるはたらきがあると思われてきた。

たとえば医師の場合、日本では大学卒業後、国家試験を受けて医師免許を取得する。医学部は六年制なので、この時点で現役合格でも二十四歳になっている。卒後研修は最低二年。専門医の認定を受けるためには、専門分野によってばらつきがあるが、四年程度の研修が必要であり、また博士号を取得するためには大学院なら四年間、大学助手や学外に出てから大学に研究生として籍を置くなりして研究に通うとすれば、さらに長い年限をかけて研究論文をまとめなければならない。だから、資格上一人前になるのは三十歳、臨床現場で実践的な研修を積んで、本当に一人前になるのは早く見積もっても三十二、三歳にはなってしまう。もちろん、その後も、次々に現れてくる新技術、新薬、新理論、新療法について、学び続けなければならない。

弁護士の場合も同様だ。司法試験は大学卒業資格とは直接は関係ない。希《まれ》には学歴なしや大学在学中の取得もあり得る。しかしそれは、あくまで希なことである。そもそも学歴はなくとも、当然、法学部卒業以上の学識がなければ合格は出来ない。いや、法学部を程々の好成績で卒業した人でも、容易に合格できるものではない。

そのため、大学を卒業した後、何年も就職せず、アルバイトなどで食いつなぎながら司法試験にチャレンジし続けるケースも多い。その結果、いたずらに歳を取って、人生を棒に振ってしまう「被害者」も少なくない。もう一歩で合格できそうな優秀な人ほど、このパターンにはまりやすい。通常の就職をしていれば、それなりに幸せな生活を送れる能力があるのに。ここには、長すぎるモラトリアムの悲劇がある。

このため近年、司法試験制度改革が行われた。これにより、二〇〇六年から新司法試験が行われることになっているが、受験回数に制限が設けられた。これは新制度での司法試験受験者に、早めに「進路変更」を強制することで、人生をやり直すチャンスを与えるためだ。

しかし、フリーターには、今のところ公的な「進路変更強制制度」はない。そもそも昔は社会全体が貧しかったから、モラトリアムを享受できる階層は、必然的に限られていたし、社会的にそれを許される人々というのが、さらに絞り込まれていた。ところが現代は、多くの若者が何となくフリーターでいられるし、多くの親にもそれを許容するゆとりがある。しかし量的増大は、安心感は生んでも安心は生まない。一昔前なら、フリーター的生活を十年も送れば、それ自体が特殊な体験として意味を持った。だが、それは誰もが卒業後は社会人になる時代の話であって、「フリーター」という名称が生まれてそれが一般化してしまえば、サラリーマンの日常と同じく、ただのありふれた生活に過ぎなくなってしまう。モラトリアム経験は、ただそれだけでは価値ある経験ではなくなったというのが、フリーター四百万人時代の特徴だ。

†「決められない」のは誠実だからか

学校を卒業しても若者が職に就かないのは、今では学校という場が、成長・研修期間として十分に機能しなかったのみか、モラトリアム期間としても不十分になってきていることを意味する。一昔前は、よく大学生活を「四年間遊ばせてもらう」といったものだが、これは大学時代を学習期間としてではなく、モラトリアム期間として消費するという意味だ。だが、それは消極的ながら、モラトリアム終了後は実社会に出てはたらくことを自明とする立場をとっていた。

だが今では、若者たちは卒業後もフリーターという形で、完全な「社会化」もしくは「会社化」を忌避する。この場合のフリーターは、学生ではないが正社員でもない状態で、その後の進路の自由度を残しておきたいという気持ちの表れだ。いわばモラトリアムの再延長である。

「本当の自分」「本当に自分にあった仕事」が、まだ見つからないから、取りあえずはフリーターをしながら、いろいろな仕事を体験しようと思っている、とあるフリーターは言う。「妥協して、取りあえず就職して、自分に合ってもいない仕事を一生やってる奴らのほうが、いい加減だと思う」と言ったフリーターもいた。彼によれば、敢えてフリーターという不安定な立場に身を置きながら、「自分にあった仕事」を探しているのは、仕事への誠実さの表れだというのだ。

だが、いずれ仕事に就くつもりなのであれば、学生時代のうちに自分の進路を決めておくべきではないか。そして、希望する職に就くのが困難だったり、特殊な資格が必要なら、それだけの研鑽を、早めにはじめなければならないのではないだろうか。そもそも大学入学の時点（あるいは専門課程進級時）に専攻を決めるというのは、将来、自分がどんな職業に就きたいかを念頭に置いて決めるのが望ましい（もちろん、大学は学問をする場所であって、就職に有利だからなどといった「不純」な理由で大学に通ったり、専攻を決めてはいけないといった教条主義的な立場もありはする。しかしそれは学問への純粋な関心によってではなく、保護者の資産に支えられたきわめて階級的な考えだ）。学生時代は遊んでいて、いざ進路決定の時期になって「まだ決まっていない」というのは、やはり怠惰の誹りは免れまい。

取材を続けるうちに、ある若者が興味深い話をしてくれた。彼は「自分は今まで、何も決めたことがない」というのだ。高校受験のときも、先生が進路を決めて「ここにしろ」と言い、その通りにした。高校でも、言われたことをやるようにと、ただそれだけを言われ続けてきた。それを、就職指導の時期になって「自分で何になりたいのか、自分には何が出来るのか、よく考えろ」といわれても困る、というのだ。そして実際、彼は卒業後の進路を何も決めないままに、フリーターという形で「ニュートラル」な自分を保持しているのだと言う。

無理に早く決めなくてもいい、という意見もある。

平均寿命が延び、また社会が高度化してきた現代では、人間が独り立ちできる年齢が、昔より遅くなるのは当たり前だと唱える識者もいる。よくいわれるのは、人生の七掛け説だ。今の三十歳は、三十に〇・七をかけて、ようやく昔の二十歳くらいの成熟度だというのである。ただ、もし成熟度七掛けの法則を敷衍《ふえん》してゆくなら、けっきょく現代人の寿命は、戦前に比べてもまったく延びていないことになる。現代の七十歳は昔の四十九歳であり、八十歳でも五十六歳ということになる。もし人間が成熟度合いに適合した「仕事」しかできないとするなら、結局今の若者は、スタートが遅くなった分、ようやく昔の定年程度の状態に至ることになる八十歳まではたらき続けなければならなくなるのではないか。七掛けの成熟度を途中で取り返す時間がないなら、そうならざるを得ない。

これは詭弁ではない。単純な話、二十歳で自立して二十五歳までに親になり、その子が二十歳で自立するとすれば、親は四十五歳には子供に経済的援助をしなくてもよくなる。好き勝手の身分だ。だが、自分が三十歳を過ぎてパラサイト・シングルで、四十歳でようやく親になり、自分の子供が自分と同じような成長パターンをたどるとすれば七十歳になっても子供を支えなければならない（かく言う私は、このケースである）。

独り立ちできるまでに長い時間のかかった人間が、その後の人生を、猛スピードで押し進められる根拠は、どこにもない。ゆっくり成長する今の若者世代は、八十年の時間をかけて、昔の人の五十年分の人生を生きることになる。その結果は八十歳でも「現役」が強制される。それはきわめて哀しいヴィジョンだ。

†フリーター後のフリーター

フリーターをやっている若者が持っていて、大人が持っていない武器は「若さ」だ。「若さ」という因子は、若者自身にとっても、また大人たちも、特権的価値であるかのように考えている。たしかに若いということは、多くの可能性を秘めているという点で、価値があるように見える。他の諸条件が同じなら、若いほうが尊ばれるのが近代以降の普遍的価値観である。

早い話が、十八歳で大学に入れれば普通ないしは優秀だが、十二歳で大学に入れれば、これは超優秀ということになる。また収入と若さの関係も同様だ。四百万円の年収を、十五歳で得たとしたら大威張りだが、五十歳だと、いささか苦しい。

フリーターという生き方が比較的抵抗なく営まれているのも、この理屈による。企業側にとって、フリーターのメリットは低コストという点だが、それは若さによって保たれている。

だが、収入が少なく、その低収入ラインの維持さえ不安定な男性は、結婚するのがきわめて困難になると思われる。若くて結婚を考えないうちはいいが、いざ結婚を望むような状況になると、フリーターであることは、大きな障害となる。

一方、女性の場合は、これまでは専業主婦として家庭に入るという選択肢が、むしろサラリーマン夫婦にあっては一般的だったので、女性フリーター変じて「家事手伝い」と称するようになり、実際には家事をしたことがなくても、あたかも専業主婦としての技量を備えているかのごとくに装って結婚するという道筋があった。

実際、私が取材したなかにも、そういう女性がいた。彼女は自宅住まいで、派遣コンパニオンのアルバイトをしながら、素人劇団に属し、女優になりたいという夢を持っていると語った。そして、こうも言った。「でも、二十六、七歳になったら、結婚相手を見つけないと。それより遅くなると、ヤバいでしょ。お金持ちのお医者さん、紹介してくれない?」と。いませんって、そんな知り合い。

だが、女性ならではのパラサイト・ドリームは、どうやら過去のものとなりつつあるようだ。パラサイト・シングルの命名者である山田昌弘氏は、収入がそこそこある男性の数には限りがあり、また男女雇用機会均等法と長年の男女平等教育の「成果」で、結婚後も妻が仕事を続け、一定以上の収入があることを求める男性が、増えていると指摘している（「警告！『専業主婦』は絶滅する」、「文藝春秋」二〇〇一年二月号）。

そういわれてみると、私の友人にも、医者同士の夫婦が多い。また文筆業の友人では、夫婦揃って文筆家というケースが多い。とはいえこれは、夫が妻にも収入を望んだ結果でなく、男女平等社会で価値観の共有できる結婚相手を選ぶと、自然に職業を共にする「同志」的相手を選ぶことになるためではないかとも思われる。

昔は、貧乏な作家を妻が内職して支えるといった美談（？）が聞かれたが、今時は、そういう理解のある妻はほぼ存在しない。というよりは、それだけ夫の文学に対して理解のある女性は、内職をしないで自分でも文筆に取り組むのだ。それが現在、バブル時代の「三高」に代わって、結婚の条件のトップに躍りでた「価値観の一致」というものであろう。同じ職業意識や職業適性を持っている者同士が、互いに尊重し合える夫婦関係を築いているわけである。私はこれを「ホモソーシャル夫婦」だと考えているのだが、論旨がずれるのでここではふれない。

すると「若いときはパラサイト・シングルで好きなことをして、あとは結婚して一生、夫にパラサイト」と言う女性と「価値観が一致」する男というのは、どういう男なのだろうか。ちょっと心配である。結局、男性であれ女性であれ、社会的にも自分を磨かなければ、結婚相手の獲得も難しい時代になりつつある。

話をフリーターに戻そう。若いうちは、正規雇用者の賃金も比較的低水準に抑えられている。終身雇用制度や年功序列賃金体系が崩れてきているので、正規雇用者が安定しているとは一概にはいえなくなってきているのは事実だ。しかし企業側にしてみれば、有能な人材は長期的に確保したいので、そういう人材は正規雇用に組み入れたがるし、採用してみて本当に優秀だったならば、当然リストラされることはないし、給与も上がるのである。

フリーターの定年は、すぐにやってくる。厚生労働省の定義に立ち返ってみれば、三十五歳以上の非正規雇用者は、もはやフリーターではない。それでは社会的にどのように見なされるのかというと、正規雇用へ移行することが難しい、中年の未熟練労働者として扱われることになる。

山一證券が破綻したとき、社員の再就職が問題になった。スペシャリストとしての経験や資格を持っている人々を除く大多数のゼネラリストは、三十五歳を上限として、自分の希望する業種・給与での転職は、きわめて困難だったといわれている。優秀といわれる大学を出、一流といわれた企業ではたらいた経験のある人々でさえ、そうだったのだ。

フリーターにとって「若さ」に価値があるということは、逆言すれば若くなくなった時点で、フリーターは無価値になるということだ。

特別の経験も資格もない人間が、若くなくなったとき、当人はこれまでと同じ時給でかまわないと考えていたとしても、企業の側は間違いなく、若いフリーターを選ぶだろう。ただ「若い」

というだけの理由で。

考えてみて欲しい。あなたが十八歳のアルバイト店員だったとして、同じ職場に五十歳のアルバイト店員がいたら、どうなるか。ふたりは立場も時給も同じである。しかし、どう見ても重い商品を運ぶのは若くて丈夫なあなたのほうが得意そうだ。フットワークもあなたのほうが軽い。したがって、自然ときつい仕事はあなたに回ってくる。時給は同じなのに、あなたのほうがより多くの仕事をしなければならない羽目になる。「あのおっさんとは組みたくない」という意見が、若手から出てくる。もちろん、年長のフリーターが特別な技術とか知識とかを持っていて、あなたがそれを学びたいと思っているなら話は別だが、そうではないのだ。ただ、ずっと同じように、その日に頼まれてやってきた別の人間でも誰でも出来る単純な仕事を、やってきただけの年長者である。

あなたが若者なら、こういう人を尊敬できるだろうか。また、あなたが経営者なら、そういう大人を、雇いたいと望むだろうか。

†メリットは同時にデメリットでもある

フリーターのまま、一生を暮らすというのも、たしかにひとつの選択肢かもしれない。だが、年次を積むことによって昇級するわけではなく、しかも、いつでもより若くて安価に使える別のフリーターに職を奪われる危険にさらされながら、中年以降もフリーターをやり続けるというのは難しい。二十代では、フリーターと正規雇用者の収入格差はさほどではないが、三十代、四十代になってくると、確実に差は大きくなる。正規雇用者なら、家族手当や住宅手当も付くし、有給休暇もあるが、フリーターではそうした保障や手当は期待できない。したがって、結婚をして家庭を持つことが困難になる。

二十代のうちなら、正規雇用者でも未婚者は多く、表面上、両者の違いはさして目につかない。だが、三十歳前後になって結婚をしたいと考えるようになっても、経済的事情からそれが出来ないとなると、それはかなり不自由な立場といわざるを得ない。

もっとも、このようなシミュレーションは、まだまだフリーターの耳には、届かないかもしれない。なぜならフリーターは、「今の自分は仮の姿であって、十年後、二十年後には、別のことをやっているはずだ」と考えているからだ。だが、その「別のこと」はどこにあるのか。

また、「やりたいこと」が見つかったとして、フリーターをやっていることと「やりたいこと」は、どのように結びつくのか。その「やりたいこと」を「やる」ために、フリーターという時期を過ごすことは、必要不可欠なのだろうか。

フリーターをしている人々に、フリーターとしてはたらくことのメリットは何だと思うかを尋ねた。返ってきた答えの主なものは、

1　自由な生活がしたい
2　夢を追い続けていたい
3　多くの仕事を体験してみたい
4　スキルを身につけたい

というものだった。逆言すれば、フリーターにとって、正社員とは、自分の生活を他者（会社）によって管理されて自由がなく、夢がなく、単調な仕事をさせられ、スキルが身につかないと思われていることになる。

この認識は、はたして正しいのだろうか。

たしかに正社員の場合、毎日、仕事をしなければならない。会社に拘束される時間が長く、その分、自分の自由になる時間は短くなる。フリーターなら、仕事をする時間を選ぶことが出来る。ただし、フリーターであっても、労働をしている以上は勤務時間は労働に縛られるのは、正社員と同様だ。そして労働時間についての選択権を持っているのは、フリーター側ばかりではない。雇用する側にとっては、フリーターは雇用の調整弁として、利用しやすい。

現在、フリーター人口が増大している背景には、フリーターを志向する若者が増えている一方、

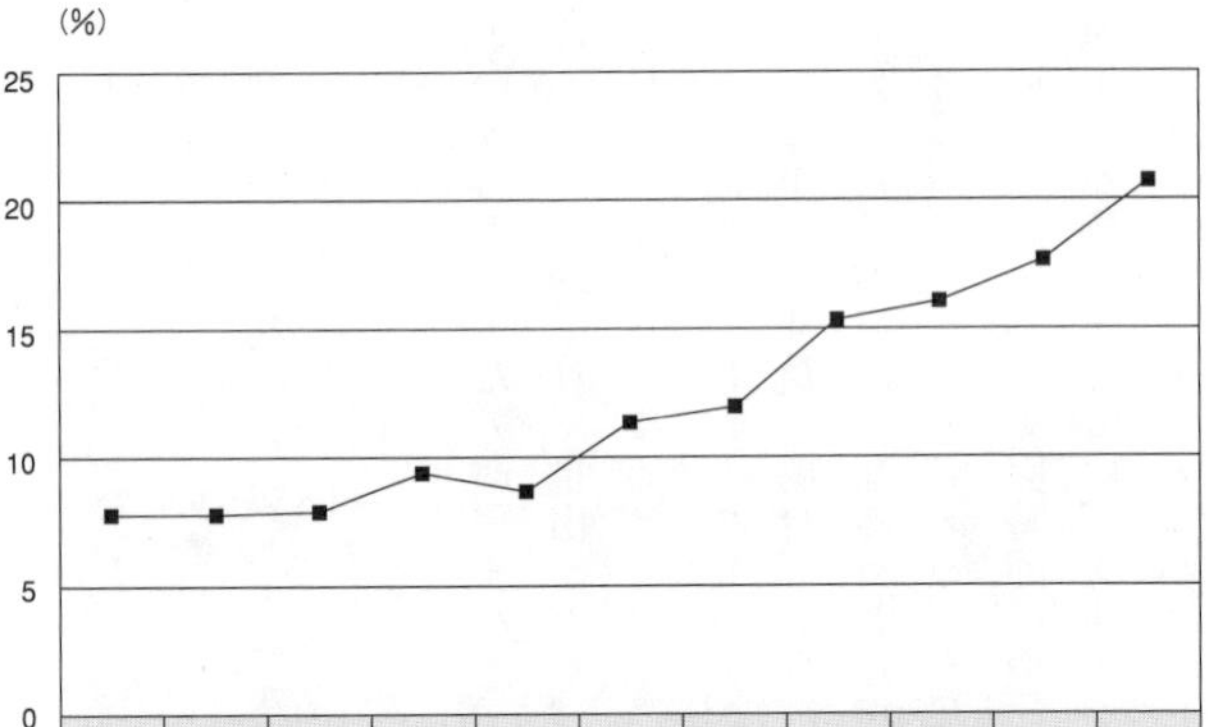

1990年	1991年	1992年	1993年	1994年	1995年	1996年	1997年	1998年	1999年	2000年
8.0	7.8	7.9	9.6	8.9	11.4	12.0	15.2	16.1	17.9	20.6

出所：総務省　労働力調査特別調査報告

図3　15〜24歳における非正規労働者の比率

雇用する企業側にもメリットがあることをも、意味している。実際、一九九二年以降、正社員の募集は減少の一途をたどっているが、アルバイトの需要は逆に増えている。

一見すると、需給のバランスが取れているようにみえるかもしれない。しかし一致しているのは、「はたらく時間を限定したい」というフリーター側の要求と、「経費を節約したい」という企業側の要求である。フリーターが、高収入を得たいので長時間の労働をしたいと考えても、そうした職を確保するのは困難だ。

しかもフリーター人口が増えるということは、フリーターの労働単価が、将来、ますます下がる可能性が高いことを意味している。

実際、フリーターをしている若者のなかには、当初からそういう生き方（勤務形態）を希望したわけではなく、就職試験を受けたものの希望の職種に就職することが出来ず、しかたなくフリーターをしているという人も多く、将来への不安を抱えている。ここで、フリーターのデメリットを考えてみよう。

1　収入が少ない
2　社会保障が受けにくい
3　長期的な人生設計を立てるのが困難
4　比較的単純な労働にしか関われない
5　専門的なスキルが身につかない

などがよく指摘されるところだ。このうち、4と5は、フリーター自身が考えている「スキルを身につけたい」「多くの仕事を経験したい」というフリーターのメリットと矛盾する。実態としては、いったいどちらが本当なのであろうか。

「本当にやりたい仕事を探すためには、フリーターはいちばんいい方法だ」という意見もある。「フリーターをやっていると、いろいろな仕事を体験できるから楽しい」という意見も、実際、よく聞く。

それでは、「いろいろな仕事」とは何だろう。接客、経理、営業、製造、販売などという「仕事」は、ひとつの会社にいても経験できる。電鉄系百貨店に勤務している友人（正社員）が教えてくれたが、そのデパートでは、新人研修として店内の各売り場で「見習い」をするだけでなく、系列の鉄道会社の駅で勤務をしたり、電車乗務研修も受けたという。

たしかにフリーターは、特定の企業に勤めているわけではないから、さまざまなところではたらくことになる。しかしその職務内容には、一定の傾向があるはずだ。コンビニでバイトをしたあと、居酒屋に勤め、それを辞めてスターバックスではたらいて、次は……。

そうやって多くの「職場」を体験は出来ても、その人が経験できる職務内容は、自ずから限界がある。なぜなら、会社側としては、フリーターに任せられる職務内容には限界があるからだ。もちろん今では、人件費削減のために、リストラを進めて、正社員を減らしているから、その分、出来るだけ多くの仕事を非正規雇用者に任せる企業が増えている。だが、彼らに任せられる仕事は、企業の中核業務には関わりのない「非正規雇用者に任せられる仕事」に限定されている。

「本当に自分に合った仕事」を探そうとしている若者が、「いつでも置き換え可能な人員」として扱われ、限定された仕事にしか関われないのは、一種の悲劇だ。また、「本当の自分」として「自由」に生きたいと希望している若者が、没個性的なマニュアルどおりに行動することを求められ、お客さんの前で見せる笑顔までも、マニュアルによって規定されるというのは、何とも痛ましい。

それをしも「いろいろな仕事」といえるのだろうか。

†親の苦労が分かるから

フリーターは「親の心子知らず」を絵に描いたようなものだ、という意見がある。苦労して育て、学校を出したのに、その後も定職に就かず、親の臑《すね》をかじり続けているとなれば、親は困惑するだろうし、経済的にも苦しくなる。

しかし、あるフリーターは、「それは逆です」と教えてくれた。「親の心が分かってしまったから、フリーターになるしかなかった」のだと。

彼の話をまとめると、以下のようになる。

小さい頃は、父親を尊敬していた。大きな会社に勤めていて、テレビでその会社のコマーシャルが流れるのを見ると、誇らしい気持ちになった。母親は「お父さんみたいにならなくちゃ」と言っていたし、自分でも父のようになりたいと思っていた。

ところが、中学生になり、高校受験の頃、父の口から「誰のためにこんなに苦労してると思ってるんだ」「お前らに、俺の苦労が分かるものか」という言葉が出るようになった。その頃、昇格して、ますます忙しくなり、イライラしていたのかもしれない。帰りも遅くなった。めったに顔を合わさず、会えば説教をされた。それまでもそうだったのかもしれないが、子供だったから、気が付かなかっただけかもしれないけど。

とにかく、そういう父が嫌になった。

それまで、父は仕事が好きで、誇りを持って頑張っているんだと思っていた。だからこそ「自分も立派なエリートサラリーマンになりたい」と思っていた。ところが、父は仕事が嫌いなのに、家族のために我慢してはたらいているのだという。そう言って、家族に当たるのだ。父が痛ましかった。そんなはたらき方はして欲しくなかったし、自分もしたくない、とつくづく思った。

「父を尊敬していただけにショックでした」

だから高校は、両親の望む進学校に合格したが、勉強に身が入らなくなり、大学はレベルを落とすことになった。そして大学卒業の時期になると、一応、就職活動をしたが、途中でやめてしまった。そして今は、フリーターとして、はたらいている。

「親の苦労が身に染みてますからね。ああいう形ではたらくのは、どうしても嫌だった」と、彼は言う。「だから、サラリーマンにだけはなるまいと思った。自分に合った仕事というか、生き方を探したい」と。

彼の話には、身につまされるところがあった。

私は自分の父のことを思った。

私の父は自営業者で、小さな会社を経営していた。私の記憶のなかの父は、いつも忙しくはたらいていた。どうやらこれは、私が生まれる前からだったらしい。祖父は父が高校生のうちに亡くなったため、父はまだ高校生だったうちから祖父の会社を引き継いだ。二男でありながら、十八歳で家長の責務を負わされた父は、医学部や薬学部に進学していた兄姉の学費や生活費の仕送りをし、後に控えていた妹二人も大学を出させた。

私が幼かった頃は、ちょうど高度経済成長期で、父の仕事も順調のようだったが、それだけにともかく忙しかった。私は「父のようになりたくない」とは思わなかったが、自分が「父のようにはなれない」であろうことを、かなり早い時期から、自覚していたように思う。

だから私の将来設計のなかには「いざとなったら親の仕事を継げばいい」という選択肢はなかった。私は自らの手でモラトリアムを切り上げる必要があったのだ。

彼は今でも父親のことが好きだという。「バイトでもはたらいてみて、親のありがたさは、いっそうよく分かった。親には感謝している。だけど、父親と同じことをしたら、結局は自分は父親よりも、ずっと悪い父になってしまいそうだ。そうではない生き方。それを見つけるのが、今の自分の仕事だと思う」

危機を回避するためのモラトリアムは、しかし再延長によってモラトリアムそれ自体が危機となる、と経済学者のシュムペーターが『景気循環論』（一九三九）のなかで指摘していたことが、ふと頭をよぎった。

だが彼は、もしかしたら再延長のモラトリアムの末に、自分なりのライフスタイルを、確立するのではないか、とも感じた。そうであってくれればいい、と私は切実に願っている。

第四章

決めつける若者

†俺はあいつらとは違う

すべてのフリーターが、消極的な理由から、何となくフリーターをしているわけではない。大きな夢を持っていて、その夢を追い続けるためにフリーターをしているという人々も多い。

フリーターには大きく分けて二つのタイプがある。ひとつは「決められないフリーター」であり、もうひとつは「決めつけるフリーター」である。若者を取材していて、おぼろげながらそんな実態が見えてきた。モラトリアムを延長しながら、自分に合った道を模索し続けるフリーターが「決められない若者」だとすれば、もう一方には明確な目標を持った若者がいる。後者は、ちょっとばかり立派そうにみえる。世間でも、同じフリーターでも、「何となく」フリーターをしている者には批判的だが、何らかの目標を持っている若者に対しては、割合に好意的な大人が多い。「いいじゃないか。夢を追えるのも才能のうちだよ」などという意見まである。

また、この「目標」ないしは「夢」の有無を分岐点にして、フリーター同士のなかでも、階層分化、階層対立があるようだ。具体的な目標を持っていること自体が、彼らのあいだでは、一種のステイタスとして機能しているらしい。もっとも、あまりに現実離れした「夢」は、揶揄の対象になったりもするようだが。

だが、目標があっても、その目標にいつまでも到達できなければ、実質的にはモラトリアム再延長と変わらない。彼らは「決められない」段階はクリアしたが、今のところは、まだ「決めた」のではなく「決めつけた」のに過ぎない。だからけっきょくは、まだ「決まらない」のだ。本当に「決まる」ためには、相手（会社なり、独立なり、アーティストとしての成功なりを認めてくれる相手）の同意なり承認がなければならない。職業として成立するためには、一定以上の他者の評価が必要となる。同意なしの決定は、「決めつけ」なのだ。

決めつける若者。ここにフリーターの、もうひとつの苦悩がある。もちろん「決めつけ」たことを出発点として、努力を重ねて成功に至るケースもある。成功者は、必ずこの苦難の道筋をたどった（人によって、長くさまよう努力家もいれば、あっさりとかけ抜ける天才もいる）。

目標を持って生きることはすばらしいという近代の個人主義的理想は、前近代の身分制度を乗り越える過程では、必要なイデオロギーだった。だが、誰もが自分の就きたい職業に就けるわけではないというのもまた、厳粛な事実である。

それでも、若者たちは「仕事」への純粋な想いを、口にする。

「やっていて楽しいと思えることを、仕事にしたい。仕事自体を楽しいと感じられない人生はつまらない」

「やっていて、それが生き甲斐になるような仕事がしたい。生き甲斐になるような仕事に就けば、自分はとてもがんばれるはずだ」

「好きでもない仕事をして、ただ日々の生活のためのお金を稼ぐ。それで満足できる人は別にかまわないけど、それだと人間的な成長がないし、充足感が得られないのではないか」

それほどに憧れる「夢の仕事」を自分のものとするために、彼らはどのように取り組んでいるのだろうか。また周囲は、彼らをどのように遇しているのだろうか。

夢を追う若者に対して、大人がいうことは決まっている。

そんな、やり甲斐が詰まっているような仕事は、ごく僅かしかない。例外でしかない。本当に自分のやりたいことをして食べていけるのは、ごく一部の才能のある人、いわば選ばれた天才だけだ。ふつうの人たちは、我慢しながらこつこつと仕事をして、家族を養ったり、日常生活のなかにささやかな幸せを見つけていくものなのだ、と。

しかしこれは、「自分は選ばれた天才かもしれない」と信じている若者に対しては、なんの説得力も持たないだろう。若者たちは、「自分こそはその例外的な成功者になるのだ」と信じているのだから。「なぜなら自分には才能があるのだから」と。

現在、マンガ喫茶でアルバイトをしている特撮マニアのD君（二十八歳）は、漫画家もしくはアニメ原作者を目指している。子供の頃からアニメが好きで、中学生の頃に「アニメーター」という仕事があることを知ってからは、それになりたいと考えていた時期もあるという。

彼は自分の志望進路をめぐって、親と何度も衝突した。中学・高校時代には、大切にしていた

幕張で開催されるコミックマーケット（通称「コミケ」）の風景。マンガ・アニメ同人誌の展示や即売会を行っている。最近では日本独自の若者カルチャーとして海外からも注目を集めている。

アニメ情報誌を勝手に棄てられてしまい、自室に鍵をつけた。親は大学受験を押しつけた。何校か受験し、合格したところもあったので、一度は入学したものの、間もなくつまらなくなって行かなくなってしまった。そうやって大学に二年間在籍した後、親が折れたので、行きたいと思っていた専門学校でアニメの勉強をすることになる。

しかし卒業後、希望していたような形でのアニメ製作会社からの求人はなかった。その頃は「アニメーターは自分で作画を出来るわけではなく、ストーリィ作りに携われるわけでもないと分かったので、原作者になりたいと思うようになっていた」という。そこで今では、フリーターをしながらマンガ同人誌を発行。「絵よりもストーリィのほうが好き」なので、絵が得意な仲間と組んで作品を作っている。

同人誌はコミケで売り、そこそこの人気があるらしい。だが、それだけで生活が成り立つほど売れるわけではない(一説によると、今やコミケ市場は、かなり大きくなっており、同人誌漫画家といえども、それだけで十分に生活できる人もいるそうだ)。また、期待したようには、商業出版社から声はかからない。

D君は「親が理解がない」と何度かこぼしていた。「もっと集中できる時間さえあれば、自分は成功していたと思う。だけど、あれこれ無駄な労力を費やしているうちに、こんな歳になっちゃった。マンガの世界では、この歳では、もう年寄りですよ」と。「自分は無理解な親に才能を潰された」とまで言った。

†才能はどうやって測ればいいのか

彼の言い分を、そのまま鵜呑みにしていいものかどうか、私は判断に苦しんだ。

そもそも才能とは、何だろうか。才能は、具体的にはどうやって測ればいいのだろうか。極端に下手とか、誰が見ても明らかに天才というレベルなら、悩むことはない。問題は、そこそこに上手だ、という場合。それがプロとして通用するかどうかの判断は、きわめて難しい。

これまでプロデビューしていないのは、才能が足りないからではないのか、とも思える。だが、プロとして立つためには、才能以外に、運も大きく作用するし、努力も必要だ。努力は活動に費やした時間に比例する傾向があるから、その意味では、他のことに時間を費やしたのはマイナスだったかもしれない。だが、それをもって自分の不成功の責任を、親に着せていいものだろうか。

ふと思い付いて、私は「どうして専門学校進学を反対された時点で、家を出なかったんですか」と尋ねてみた。

「家を出ちゃうと、かえっていろいろ面倒なことを自分でやらなくちゃならなくて、結局、時間がなくなっちゃうから」というのが、その答えだった。

厳しいようだが、「時間がない」と言って諦めてしまえる者、「しょうがない」と言って挫折から立ち直れない者は、そのことをもって、やはり才能がなかったのだと言わざるを得ないのではないか。

いやしくも才能とは、その程度の外的要因で放棄してしまえるようなものではない。何があろうと、どんなに邪魔をされようと、ときには弾圧されて生命の危機に脅かされようとも、やめることが出来ないのが、本当の才能だ。ときには「もうやめたい」という当人の意志に反してさえ、才能はその人に仕事を続けることを強いるものなのではないだろうか。

だいたい、自分個人の「夢」を追うのに、親が協力しないというのは、自然な、むしろ世間の大多数の成功者も一度は経験する事態ではないかと思う。その点で、こういうことも考えられる。自分の親を納得させるのは、自分の「才能」を確認する初期ステップのひとつである、と。

よく知られているように、手塚治虫は若くして才能を発揮した漫画家で、登場と同時にすぐ人気漫画家となった。そして死ぬまで、第一線で活躍し続けた。

それでは手塚は、恵まれた環境で周囲の協力を得ながら、その才能を開花させたのだろうか。

彼は子供の頃から絵が上手かった。それにストーリィ作りの才にも恵まれ、旧制中学時代には、既に同級生たちはもちろん、教師さえも彼のマンガには一目置いていたという。

だが手塚は、子供の頃からマンガだけを描いていたわけではなかった。親は何度も手塚少年にマンガを禁じたし、教師も彼の能力は理解していても、「マンガなどに熱中するのは非国民だ」

と叱責した。時代は太平洋戦争の最中。学校では軍事教練や軍需工場への勤労動員が課せられ、マンガどころか教科書を読んでいてさえ「国策協力より自分の勉強を優先させる非国民」と陰口をたたかれた時代。体力のない手塚少年には、辛い日々だった。「時間がない」「親や周囲の協力が得られない」という点では、手塚治虫は今時の若者よりも、ずっと不遇だった。

しかも手塚は、医学部進学を強要される。これには戦時下という状況が影を落としていた。当時は、兵役年齢に達した男子は、ほとんど誰もが兵隊として戦場に送られることになっていた。学生には兵役猶予の特権があったが、戦況の悪化とともにこれも順次廃止された。ただ、医師は軍医として必要なので、最後まで徴兵猶予されたし、卒業後は軍医になれるから、ただの兵隊として前線に送られるよりはましだと考えられたのだ。これが病弱だった手塚自身の希望だったのか、それとも親の考えた道筋だったのかは分からない。ともかく、戦時下、マンガを禁じられた手塚は、医学生となる。

しかし、本当の才能とは、そういう悪条件をものとはしないものなのだ。禁じられて止められるものではない。それどころか、自分で止めたくても止められない。時間がなければないなかで、ますます磨かれてゆくのが才能である。

ちなみに手塚治虫は戦後すぐ、昭和二十一年にはプロの漫画家としてデビューしているが、それは彼が大阪大学医学部に在学していた頃のことだった。手塚は二十二年にはマンガ『新宝島』

（原作・酒井七馬）で四十万部を売り上げ、その後もヒットを飛ばし続けたが、しばらく学生と漫画家の二足の草鞋《わらじ》を履いた生活を続けている。そして昭和二十五年には『ジャングル大帝』、翌年には『アトム大使』の連載を開始。手塚は既に人気漫画家として押しも押されもしない存在になっている。そして昭和二十八年には、手塚は多くの高名な日本画家を要する関西画壇のなかで、高額所得者第一位にランクされた。もはや漫画家として食えるどころか、大金持ちといってもいい存在になっていたのである。

それでも手塚は、医学部を辞めなかった。この間に手塚は、大学を卒業し、医師国家試験に合格、さらに大学で研究を続け、博士号を取得している。そのために手塚は、多大な時間を費やさなければならなかったはずだが、その間も彼はマンガを描き続けていた。それも膨大な量と質を保ちながら。

「時間がない」「協力が得られない」という弱音は、「才能がない」「努力が足りない」ことの告白と同義だ。何かを真剣に目指すならば、その言葉を口にしてはいけないのではないだろうか。たとえ口にしたところで、どうなるものでもないし、むしろそれは自分の意欲を殺いでしまう。

ちなみに手塚治虫は、後年「何年かの医学生だった経験、曲がりなりにもインターン、病院勤めをした経験は無駄にはなりませんでした。そういうものがぼくにもっと深く人の命ということを真剣に考えさせてくれたのです」（『ぼくのマンガ人生』一九九七）と述べている。この言葉が嘘

原宿の路上で、アニメやゲームのキャラクターと同じ姿をして楽しむ若者たち。こうした行為はコスプレと呼ばれ、いわゆるオタク系若者のあいだで人気。

でない証拠は『ブラック・ジャック』(一九七三〜一九八三)その他の作品を見れば、一目瞭然だ。勉強、勉強とうるさくいわれたから、漫画家になれなかったという弁明は、手塚の前には通用しない。

たしかに実際、周囲の無理解や生活苦などといった悪条件のために、才能がありながら、チャレンジの機会を持てず、「才能が埋もれてしまう」ことも、ないとはいえない。だが、数十年間、生活のために別の仕事をしたとしても、本当に才能があれば、第二の人生で、それを開花させるということがあり、才能が埋もれたままということはないのではないか、とも思われる。小説や俳句などの世界では、ままこのようなケースがある。定年を迎えて書き出した作品が、脚光を浴びるということだってあるのだ。

そして、本当にその人に才能があれば、数十年間、別の仕事をしたという経験は、その人の才能を鈍らせるものではなく、むしろ才能を開花させるために役に立つのがふつうだ。長い眼で見れば、あらゆる努力、あらゆる経験に無駄はないのだ、と私は思う。

†フリーターで「独立修業」

フリーターをしながら目指している「夢」にも、いろいろなタイプがある。

E君(二十六歳)は、これまでフリーターとしていくつかの飲食店ではたらいてきた。現在も、ある居酒屋チェーン店に、やはりフリーターとして勤めている。

E君は将来、自分でも飲食店を経営したいと考えていて、そのためにフリーターをしているのだと言う。「フリーターだから、いろんな店に勤められるし、そうすると、それぞれのいいところ悪いところを見極めて、自分なりの店づくりが出来るようになると思う」と彼は言った。

たしかにE君は、彼なりにきちんと目標を決めて歩いているように思われた。だが、彼の行動が本当に彼の目的に適合しているのかどうかについては、ちょっと疑問があった。たとえば同じ目的のために、居酒屋に正社員として勤めるのでは、なぜ駄目なのか。

私はE君に、その点を尋ねてみた。

「駄目じゃないけど。うちの店は店長とチーフ・マネージャー以外は、みんなバイトなんですよ」

私「店長とバイトの仕事は、どこが違うんですか」

「よく分からないけど。店でやってる仕事の内容ってのは、変わらないかな。注文聞いたり、厨房に通したり、料理を運んだりを店長もするし。でも、店長は大変ですね。お金のことも見なきゃいけないから。それにノルマとかあって、本部からいろいろ言われたりとか」

私「店の運営は店長が本部の指示を受けてやっているわけですか」

「大筋ではそうだけど。でも、現場の意見も、けっこう聞いてくれますよ。ミーティングで、こうしたほうがいいんじゃないか、とか意見を言うと、結構、それを取り入れてくれる。そういう点、今の店はいいです」
私「そうじゃない店もあった？」
「ありましたね。バイトは黙ってろ、とかって感じの店。でも、そういう店は駄目ですよ。だってほら、実際、現場にいるのはほとんどバイトだったりするから」
私「それじゃあ、今のお店では、店長でもアルバイトでも、全体を見通す目というか、目配りは、あまり変わらないということになりますね」
「うーん。まあ、そう」
私「とすると、店長はバイトとどこが違うと思いますか」
「休みがないし」
私「ぜんぜん、休めない？」
「いや、そういうわけじゃないけど。ほとんど休日は取れない」
私「でも、もし自分で店を持って自営するつもりなら、その前に正社員になって、店長を経験したほうがいいんじゃないですか。経営面のノウハウは、店長を経験したほうが、よく分かるでしょう」

「ぼくはあんまり、お金のことは考えない店をやりたい」

誤解しないで欲しいのだが、E君は決していい加減なわけではない。また私は彼に絡んでいるわけでもない。ただ、彼と話をしながら、何か奥歯にものが挟まったような、もどかしい感触を感じ続けていたことは事実だ。

しかしここまで食い下がったとき、彼は次のように漏らした。「本当は、店長に採用されるといいいんだけど、うまくいかないんで」と。

そして彼は、その「告白」を糸口に、それまで語っていた「夢」とは遊離した現状を、語ってくれた。

彼は週六日間、四十四〜四十六時間はたらいているという。フリーターというと、もっと楽なはたらき方をしているのかと思ったが、私より勤勉にはたらいているのであった。

リクルートワークス研究所が二〇〇一年に行った「非典型雇用労働者調査」によると、フリーターのうち、半数を超える五一・二パーセントは、週四十時間以上労働をしているという。雇用契約の形態が違うだけで、労働時間は正社員並みなのである。

E君によれば、現在の職場ではチーフ・マネージャーも店長も週六十時間以上はたらいているという。しかもノルマが厳しく、月例評定での配置転換は当たり前で、ときには月半ばで本部に呼ばれて転属になるケースもあるという。その結果、正社員に上がっても、すぐに退職せざるを得なくなる事例も多いとか。

E君が独立を志望しているのは、「本当は自分の店を持つのが夢だから、とかそういうポジティブな理由からではない」という。「このままではいられないし、正社員になれる見込みもない。なっても辛い」という現状を踏まえて、「自分の居場所は自分で作らないと、どこにもない」と感じているからなのだ。それでも、飲食店をやりたいというのは、お客さんが楽しそうにしているその場が好きだからだという。自分が仕切る空間、自分の出す料理に、みんなが喜んでくれたら、自分も幸せになれるはずだ、と彼は語ってくれた。

†好きな仕事をしていれば幸福か

「好きな仕事をしていられれば、幸せなはずだし、いくらでもがんばれるから、本当にすごい仕事が出来るはずだ」と、あるフリーターは言った。そのひとは、そんな「天職」を目指してがんばっているのだという。

しかし、「天職」であっても、「職」であってみれば、やっている当人にとっては単なる日常である。しかも、「やりたい仕事」をやっている場合、努力に対して支払われる対価としての収入は、低いのが一般的だ。

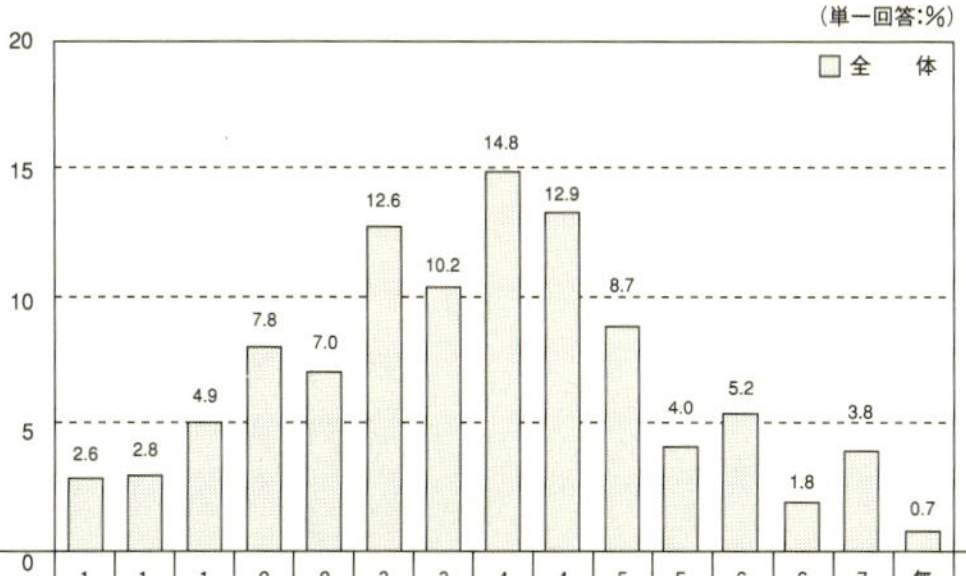

		10時間未満	10〜15時間未満	15〜20時間未満	20〜25時間未満	25〜30時間未満	30〜35時間未満	35〜40時間未満	40〜45時間未満	45〜50時間未満	50〜55時間未満	55〜60時間未満	60〜65時間未満	65〜70時間未満	70時間以上	無回答	平均（時間）
全　体		2.6	2.8	4.9	7.8	7.0	12.6	10.2	14.8	12.9	8.7	4.0	5.2	1.8	3.8	0.7	39.1
性・年齢別	男性・計	2.8	2.1	3.8	6.5	4.4	11.8	9.7	15.2	13.5	9.9	5.1	5.6	2.5	5.8	1.1	41.6
	18〜19歳	2.6	1.3	2.0	11.1	9.2	13.1	10.5	11.8	9.8	7.8	5.2	9.2	0.7	4.6	1.3	39.8
	20〜24歳	3.3	2.7	4.9	6.3	3.3	12.8	10.9	15.5	14.4	8.4	3.8	4.9	2.2	5.7	1.1	40.4
	25〜29歳	2.7	2.0	4.1	4.1	2.7	10.9	8.2	15.0	14.3	12.2	9.5	3.4	4.8	5.4	0.7	43.6
	30〜34歳					2.4	*2.4*	*2.4*	26.8	17.1	22.0		7.3	4.9	12.2	2.4	51.1
	女性・計	2.4	3.7	6.2	9.3	10.0	13.6	10.7	14.4	12.3	7.3	2.7	4.8	1.0	1.6	0.2	36.3
	18〜19歳	3.4	3.4	6.8	15.0	10.9	14.3	8.8	15.6	11.6	*3.4*	2.0	2.7	0.7	1.4		33.6
	20〜24歳	2.3	4.0	6.4	7.4	8.7	15.1	10.7	13.0	10.7	9.4	3.3	5.7	1.0	2.3		37.3
	25〜29歳	0.7	2.7	4.7	8.1	11.5	11.5	13.5	18.2	14.2	6.1	2.7	4.1	1.4		0.7	36.7
	30〜34歳	6.1	6.1	9.1	6.1	12.1	*6.1*	6.1	*3.0*	21.2	12.1		9.1		3.0		36.6
最終学歴別	中学校	2.5	2.5	1.2	4.9	11.7	14.8	11.1	12.3	8.0	9.3	4.9	8.0	2.5	4.9	1.2	40.9
	高等学校	2.0	2.7	5.5	9.4	7.2	12.1	9.8	15.6	12.5	8.2	3.8	5.1	1.6	4.0	0.4	38.8
	専修各種・高等専門学校	2.2	1.3	3.9	4.8	5.2	11.7	14.3	12.2	18.7	10.0	3.9	5.2	1.7	3.9	0.9	40.9
	短期大学	1.1	1.1	8.7	5.4	7.6	14.1	7.6	15.2	17.4	6.5	4.3	6.5	3.3	—	1.1	38.6
	大学・大学院	7.7	7.7	5.6	9.8	2.8	13.3	5.6	17.5	9.1	9.8	3.5	2.1	1.4	4.2		35.5
正社員経験別	男性 正社員経験者・計	2.3	2.3	2.3	*1.4*	2.3	9.3	9.8	12.6	15.3	13.5	6.0	8.8	4.7	7.9	1.4	46.4
	男性 正社員未経験者・計	3.0	2.0	4.5	8.7	5.3	13.0	9.7	16.4	12.8	8.3	4.7	4.3	1.6	4.9	1.0	39.5
	女性 正社員経験者・計	0.9	3.2	6.0	6.9	12.0	8.3	11.1	13.4	17.1	9.7	3.7	5.1	1.8	0.9		38.1
	女性 正社員未経験者・計	3.2	3.9	6.3	10.5	9.0	16.3	10.5	14.9	9.8	6.1	2.2	4.6	0.5	2.0	0.2	35.3

※全体より5ポイント以上高い数値に網掛け
※全体より5ポイント以上低い数値は太字斜体

出所:リクルートワークス研究所「非典型雇用労働者調査2001年」より

図4　1週間の就労時間

そういえば北杜夫氏も何かのエッセイで、父である斎藤茂吉が、「雑誌に随筆を書いたら、こんなに原稿料をよこした」と怒っていたことを、回想している。

この感覚は、ちょっと解説が必要かもしれない。

周知のとおり、斎藤茂吉は近代日本を代表する歌人だが、短歌の原稿料は驚くほど安い。苦吟して、魂を絞るようにして作った短歌の原稿料は安いのに、気楽に書いた随筆の原稿料のほうが、はるかに高かったことに、茂吉は理不尽なものを感じたのである。

もちろん、原稿料が安いからといって、茂吉の短歌の価値が低いというわけではないし、出版社の側でも、そのように扱ったつもりはなかっただろう。

歌人は金のために短歌を作っているのではない。短歌を作るのが好きで、作っている。あるいは、作らずにいられないから作るのかもしれない。その「好き」であるという一事によって、歌人は経済効率を度外視した時間と労力を費やして、短歌を作る。だから理論上は、その報酬の金額の高低は、本来なら問うべきではないのかもしれない。だが、「好き」であるからこそ、その報酬が低いことに、侮辱を受けたような不満を感じるとしても、不思議はない。

好きなことを仕事にしたからといって、いつも幸せでいられるとは限らない。作家であれ、ゲームクリエーターであれ、芸能人であれ、常に業界内の競争にさらされている。外部の声など気にせずに、自分の心の赴くままに創作をしようと思っても、クリエーティヴな仕事の場合、作品が世間に示されるだけに、いろいろな声が聞こえてくるのは防げない。

デビューするまでの苦労も大変かもしれないが、デビューした後、テンションを持続してゆく厳しさは、さらに大変である。企業の業務評定について、そこには公正な規準がなく、だから「サラリーマンは実力を客観的に評価されない職業だ」というのなら、それは自営業も作家も、みな同じだ。だれも「仕事」において、公正で客観的な評価を下されているとは限らない。

むしろ、日々、不当な評価を下され、理不尽なレッテルを貼られているように思われてならないというのが、フリーランスではたらいている人間が陥る疑心暗鬼のようだ。

私はあまりつき合いの広いほうではないが、先輩作家の様子を見ていて「五十歳見返り説」という仮説を立てている。五十歳前後に、これまでの自分の仕事をふり返ってみて、落ち込むらしいのだ。「こんなに頑張ってきたのに、やれた仕事はこれだけか」「自分の業績に対する、世間の評価はこの程度か」と。

これは不遇な作家に限った話ではない。文学賞をいくつも受賞し、ベストセラーを出し、作品が映像化されている作家でも、やっぱり落ち込むらしいのだ。私のような者からすると「このうえ、何が欲しいのだろう」てなモンだが、本人にとってはそうではないらしい。けっきょく、世間から評価されていても、その評価は本人の努力や能力には見合っていない。少なくとも、作家本人の自己評価に比べたら、まだまだ低いということのようだ（一方、サラリーマンでは、およそ出世の限界が分かる四十歳前後に「フォーティーズ・クライシス」が訪れるという)。

どんな仕事をしていても、「正当な評価」は得られないらしい。好きな仕事をするということは、好きなことについて与えられる理不尽な評価に、常に耐えなければならないということでもある。プロとは、「それでもなおかつ好きなことをやり続けたい」人々である。

†好きな仕事に逃げ場はない

さらに怖い話がある。それはプロになってしまうと、好きだったことが好きではいられなくなるということだ。ようするに、逃げ場がなくなるのである。

私は、いわばアマチュアの物書きなので、今でもアンケートなどで「趣味は?」と聞かれると、臆面もなく「読書」と答えることにしている。はっきりいって、私は本を書くのよりも、読んでいるほうが好きである。第一、そちらのほうがずっと楽だ。

ところがあるとき、先輩作家が「自分はプロなので、恥ずかしいから読書が趣味とはいえない。本を読むのも映画を見るのも、全部、仕事の延長になってしまったから」と言うのを聞いて、ちょっと恥ずかしくなった。

根をつめて仕事をしていれば、たとえ好きなことであっても、疲労する。そんなとき、何か好きなことをして気分転換したいのだが、何分、「好きなこと」を仕事にしているので、今では本を読んでも映画を見ても、プロットや技法が気になって、リラックス出来ないのだという。

私にも、その感覚はよく分かる。別に書評のための本を読んでいるわけでなくても、へんに分析的な眼差しで読んでしまったり、細かい言葉の使い方や句読点の打ち方に注意がいってしまうことが、よくある。

また、ある座談会で一緒になった作家は、

「プロになって残念なのは、無心に本が読めなくなったこと。つまらない小説を読むと腹が立つし、面白い小説を読むと余計に腹が立つし」と言っていた。笑いながら言っていたが、本気だと思う。

どうも例が出版方面に片よりがちだが、私が現実に知っている世界は限られているので、お許し頂きたい。だが、たぶん他の分野でも似たような状況があるのではないだろうか。きっとプロゴルファーはゴルフをしても気分転換にはならないだろうし、パチ・プロになるとリラックスしてパチンコは出来なくなるのではないか。

好きなことを仕事にした場合の苦労は、「思うような収入が得られない」「気分転換が出来ない」こと以外にもある。それは仕事のたびに、自分の信念と、社会の側からの需要のあいだで、常に妥協をしなければならないということだ。

夏目漱石は『それから』（一九〇九）のなかに、小説家志望で今は翻訳で生計を立てている寺尾という男を登場させている。

彼の立場を、憶測を交えて要約すると、次のようになる。東京帝国大学を卒業した知的エリートである寺尾は、しかし会社にも官庁にも勤めようとは考えなかった。教師になるのも嫌だった。彼は、そのようにして社会の歯車になることを拒み、作家として世に立つことを希望した。そのために、今は本当はあまり好きではないのだが、翻訳をやっている。すぐにでも作家として世に出たいのだが、今のところはどの出版社も彼の小説原稿には金を払ってはくれない。だが、何しろ東京帝国大学の卒業生だから、教授の紹介や新聞社・出版社に就職している先輩、同級生も少なくなく、そうしたコネのおかげで、翻訳の口はかかる。こうして彼は、肉体労働や、つまらない仕事に就かなくても済んでいるのである。

もちろん、翻訳の仕事はあまり金にはならない。最初は文章修業にもなり、編集者とのコネも強くなると期待していたのだが、どうも今のところ、そこから作家への道が開ける気配はない。だが、それでも一応「金を得るための仕事」である。

しかし、まさに「金のため」であることによって、彼の翻訳に対する姿勢は、いい加減なところが見受けられる。本当なら自分の小説を書くために時間を費やしたいのに、その時間を削って翻訳を行っているのが、不満なのである。

だから彼の仕事ぶりは、以下のような次第になる。

「分らない所はどうする」と代助が聞いた。

「なにどうかする。——誰に聞いたって、そう善く分りゃしまい。第一時間がないから已を得ない」と、寺尾は、誤訳よりも生活費の方が大事件である如くに天から極めていた。

相談が済むと、寺尾は例によって、文学談を持ち出した。不思議な事に、そうなると、自己の翻訳とは違って、いつもの通り非常に熱心になった。代助は現今の文学者の公けにする創作のうちにも、寺尾の翻訳と同じ意味のものが沢山あるだろうと考えて、寺尾の矛盾を可笑しく思った。


（夏目漱石『それから』）


仕事は「金」である。作家を職業とするからには、まず、生活に足りるだけの収入を、継続的に原稿を売ることによって、稼ぎ続けなければならない。もちろん作家は、自分の書きたいものを書いていいのだが、それを「売る」からには、作家の書くものは作家本人が満足するばかりでなく、編集者が「売れる」と判断し、実際に読者が「面白い」と受け入れてくれるものでなければならない。

そこにはどうしても、妥協の余地がでてくる。

作家として世に立ち、仕事（報酬の得られる労働）として書くからには、自分で書きたいものを気ままに書くというわけにはいかず、書肆《しょし》側の注文に応えなければならない。

それは何も、表現の自由を侵すとか、思想心情について干渉されるといった高次元の問題ではない。その作家自身に力量があって、その実力を編集者が認めてくれていれば、内容にまで細かく口を挟まれるということは、あまりない。だが、長篇や短篇、あるいは随筆といった漠然とした注文の枠組みは課せられるし、何より締め切りというものが設定される。

注文原稿を執筆するプロ作家にとって、「自由に書く」ということは、もはやあり得ない。それが漱石のいう矛盾である。プロを目指しながら、その仕事を自由にやりたいというのは、矛盾なのだ。

作家ばかりではない。いかなる職であろうとも、「生き甲斐としての仕事」は、そもそも大きな矛盾をはらんでいる。報酬を目的とした「仕事」は、本来、はたらき手ではなくて、顧客のためにする行為なのである。教師は自分の研究時間を割いて学生に知識を切り売りするのだし、医師は自分の知的好奇心を満足させるためではなく、患者の健康を回復するために、その体にメスを立てるのでなければならない。自身の楽しみのためではなく、他者への奉仕を前提にしてこそ、報酬が発生するし、人を切っても罪に問われないのだ。

するとｒ「好きなことを仕事にする」ということは、自分が好きなことで日々、妥協をするということと同義になる。それは、あまり好きではない仕事を毎日するのよりも、かえって辛いことのようにも思われる。

†マンネリを強要されるクリエーター

再び作家を例に取ると。

『赤毛のアン』で成功をおさめたルーシー・モード・モンゴメリは、その後、「アン」シリーズを書き続けたが、これは作家本人の考えではなかったらしい。モンゴメリ自身が書いた手紙に「もし、残りの人生がアンという暴走する馬車に引きずられてゆく運命だとしたら、アンを創造したことを痛烈に後悔するでしょう」とあるそうだ（梶原由佳『『赤毛のアン』を書きたくなかったモンゴメリ』による）。

つまり作者は、第一作目は自分自身の内的な思いに促されて書いたが、その後は、読者の希望や出版社側の要請に動かされ、つまり外圧によってはたらかされていたことになる。

同じような話は、コナン・ドイルにもある。周知のとおり、ドイルは「シャーロック・ホームズ」で人気をはくしたが、自身はこれがあまり好きでなく、格闘の末に滝壺に身を投じさせてこれを殺し、シリーズ終結を宣言した。しかし読者が納得せず、出版社もせっついたため、死んだはずのホームズをよみがえらせてシリーズを継続する羽目に陥った。

ドイルはホームズ・シリーズのおかげで豊かになり、世界的に有名にもなったが、それは自分自身の好きなものを書くという作家としての自由を犠牲にすることと引き替えにして手に入れたものだった。晩年にサーの称号を授けられる際に、ドイルがこだわったのは、それが彼のどの業績を評価した結果かという点だった。ドイルはホームズ・シリーズの作家として、大衆的人気の故にサーに叙せられるのを嫌ったのである。したがって公式には、彼がサーになったのは歴史叙事詩の作品によってということになっている。ただし、現在でもホームズ・シリーズを読んでいる日本人は多いが、ドイルの歴史叙事詩を読んでいる日本人（英国人も）は、あまりいないだろう。

もっと悲惨な事態だって、起こり得る。

才能がなければ成功できないが、あれば絶対に成功するとは限らないのが、この世の中の怖いところだ。それどころか、むしろその逆に、才能があるからこそ、食えないということだって、あり得るのだ。

現在は有名な作家であっても、生前は職業作家として世に立てなかった人は少なくない。早世した梶井基次郎などは、また別の事例と考えるべきかもしれないが、長い期間、創作に携わりながら、原稿料では生活できず、別の生業をして暮らしながら、売れない原稿を書き続けた作家だって、たくさんいた。たとえば宮沢賢治は、教員をして暮らしていた。生前、彼の職業は教員であり、童話や詩は「趣味」であった。

　私は何も、宮沢賢治を貶《おとし》めているのではない。逆に金儲けを目的にしない「趣味」だからこそ、純粋に独自のものを書き続けられるということだってある、といいたいのだ。ただしその場合は、別の「仕事」によって生計を立てなければならない。

　またゴッホの絵画は、現在、世界でもっとも高価な美術品であるが、生前には二枚しか売れなかった。それも親戚のつてで売れただけだった。ようするにゴッホは、プロの絵描きではなかった。天才であっても、いや天才だからこそ、その素晴らしさを理解できる人間（自腹を切って作品を買おうという勇気ある人間）がいなかったのである。

　にもかかわらず、ゴッホは絵を描き続けた。それは絵を描くことが彼の労働だったからではなく、生き甲斐だったからだ。

　われわれは「仕事」の問題を考える際に、二つの観点をきちんと分離せずに論じている。それは「労働＝金儲け」と「生き甲斐＝自分自身の楽しみ」という側面である。

　好きなことを仕事にしたいというのは、せんじ詰めれば、自分自身の楽しみで金儲けをしたいということだ。だが、客の側にしてみれば、自分（客）の楽しみのために金を払うのであって、仕事をしている側の楽しみを優先されたら、たまらない。

　だからゴッホには画家にとって一番手っ取り早い収入の道であった肖像画の注文というものが、

来なかった。一般の顧客は、対象の内面を鋭く浮き彫りにするようなデフォルメされた絵画ではなく、実物よりもかっこよく、あるいは美人に描かれることを希望したからである。

ゴッホだって技術的には写実的な絵画を描く能力もあったと思うが、彼はそのような「妥協」はしなかった。芸術家としてのゴッホの態度は、正しいと思う。では職業人としてはどうなのかというと、甚だ難しい。ニーズに応えなければ、「仕事＝経済的な見返りが得られる労働」とはならないからだ。

第五章

勤労を尊敬しない伝統

†フリーターは意識上の特権階級

多くのフリーターと話をしているうちに、わたしはフリーターというのは、職種でも、勤務形態による分類でも、年齢層でもなく、一種の階級なのではないかと考えるようになった。フリーターは今現在、彼らが何者をしているかによってではなく、その存在形式によって、社会から評価（と同時に批判）される。それは「学生」とよく似ている。学生は、今現在その人が何者であるかによってではなく、将来何になるかによって評価される。

フリーターもまた、今現在の自分自身を評価されることを拒み、これから何をするかによって評価されることを望んでいる存在である。その状態を可能にしているのは、当人の希望であると同時に、そのような在り方を許容する周辺環境である。

フリーターの労働所得は、概して少ない。しかし当人の稼ぎが少ないからといって、ただちにその人の可処分所得が少ないということにはならない。親と同居していて、居住費や食費、光熱費といった諸経費のいっさいを、親がかりで済ませているパラサイト・シングルなら、アルバイトで得た賃金は、ぜんぶ自分のお小遣いになる。一人暮らしの者でも、学生時代の延長で、家賃やお小遣いなどの仕送りを、親から受け続けている者もいる。

こういうケースを、従来の階級論に当てはめて考えてみることは、フリーターの自己意識的階級を考えるうえで、有効かもしれない。

ポール・ファッセルによれば、階級を決定するのは収入の量ではなく、その財源だという。自分自身で稼いでいるのであれば、たとえそれがどんなに多額でも、その人は単なる金持ち、高額所得者、成金に過ぎないという。富はその財源が古ければ古いほど社会的価値が高いのだそうだ。つまり世襲財産は、労働による所得に勝る。たとえそれが、当人の能力や人格とは無縁のものであるとしても。いや、むしろその故にこそ。

これを現代日本の家族論に当てはめてみると、家庭のなかで最も地位の高いのが子供だということは、一目瞭然である。子供は、自分ではお金を稼がず、生活のすべてを親がかりで暮らしている。「泣く児と地頭には勝てぬ」という諺も、そう思ってみてみると、単に我儘《わがまま》なやつにはかなわないという意味ばかりでなく、子供の持つ地頭並みの階級的優越を無意識に示唆しているように思えてくる。

さて、この比喩をさらに就労年齢に敷衍してゆくとどうなるだろう。小学生がはたらくというのは、芸能界とか家（家事、家の商売）の手伝いを除くと、ほとんど考えられない。

中学生のアルバイトとして公認されそうなものは、新聞配達くらいだが、これは「苦学」「勤勉」「親孝行」などを思い起こさせる。それ自体は称賛に値する立派な行為であるが、同時に貧しさ、つまり階級的低さを想像させるのは、歴史的にも否めない。

そして学歴との関連でいえば、中卒ではたらきはじめるよりは高卒、高卒よりは大卒のほうが、階層的に上であるように見なされている。こうした学歴重視の社会通念は、教育期間の長さが知識の豊かさを保証しているに違いないという考えに由来している。と同時に、長いあいだ「学生」をしていたということ、つまり労働から隔たっていた期間が長いほうが、経済的に豊かな家庭の出身者であるということを明示する指標でもあるのだ。

つまり近代社会においては、親の収入に依存して生活することが、恥ずかしくないどころか、「強者」の指標とさえいえるのである。

社会ネットワーク研究所の安田雪《ゆき》氏は「現代の日本では高校を卒業後に働く理由は、本人の低成績、次いで家庭の経済力、あるいはその両方と見なされる。(中略)就職を志望する本当の理由がなんであれ、これを生徒自身が認めた瞬間、そこにいるのは自分と家庭である」(「働きたい、でも働けない」、「論座」二〇〇二年十一月号)と指摘している。

こうした歪んだ意識の延長線上で、大学卒業後もはたらかずにいられる若者は、より豊かな階層に属する人として、労働に従事する同世代の人間よりも「上」であるかのように振る舞い得る。したがってフリーター自身は、高卒であれ大卒であれ、自意識のなかでは、卒業後ただちに生業に就いた者より、自分を「上」だと漠然と考えているのかもしれない。

そしてこのようなフリーター＝あまりはたらかない青年は、最近になって突然出現したわけではなく、文化史的にはきわめて古く「正当な」伝統を持っているのである。

†「天職」意識と消費者軽視

われわれが「仕事」によって得たいと望んでいる対価は、大きく分けて二種類ある。ひとつはお金であり、もうひとつは評価（自己充足）だ。

人は労働の代償として給料や代金を受け取る。もし「仕事」の価値がお金だけなら、話は単純だ。お金が儲かる仕事が「いい仕事」であり、高給を取れる人間が優れた人間となる。だが、われわれの社会には、職業に貴賤の別はないという考え方がある一方で、「汚い儲け方、きれいな儲け方」という考えもある。詐欺紛いの方法で他人を陥れて儲けたり、投機的な方法で利益を上げることを卑しむ気分がある。卑劣な詐欺紛いの方法が卑しまれるのは当然として、なぜ投機による利益が胡散臭《うさんくさ》く感じられるかというと、それが偶然による利益であり、その人自身の人間的価値や努力とは無関係だと思われているためだ。

これに対して「きれいな儲け方」というのは、その仕事それ自体が人々に感謝されるものであり、尊敬を伴う勤務だ。

しかし、経済的見返りと「評価」のあいだには、微妙ながら明確な差がある。この価値観の違いは、明らかに階級的な報酬観の差に由来している。

商人や職人にとって、報酬や評価は、最終的にはお金によって示される。商人のなかにも、高田屋嘉兵衛のように海運業の延長線上で幕府に代わって、個人で外交上の難局にあたった人物や、頑固一徹の職人肌というものもあり、人間的尊敬の対象ともなるが、それとても結局はいかに多くの報酬を得られるかで、その商才や技術力を測られる。つまりこれらは「きれいな仕事」であっても「儲けるための仕事」である。

これに対して、士大夫の仕事はお金に還元されない、と考えられていた。それは労働ではなく、天子（あるいはその代行者としての幕府）を助けて天下国家を治めるのが職分だったからであり、基本的には天下万民に奉仕する職なのである。前近代の価値観のなかでは、それは道徳的な美学に基づく自己表現であった。

天職を探したり、あるいは「これこそわが天職」と信じる仕事に就くために努力するのは、仕事が単に労働ではなく、それを自己表現であり自己充足の手段と考えられているためだ。この自己表現としての仕事という考え方には、士大夫の職という「仕事」階級思想がいくらか形を変えて息づいているように思う。

ところで、語源的にいえば「天職」というのは、本来は天子が国家を統《す》べる職務を指す言葉だった。そしてそれは、輝かしく誇らしい職務という意味ではなく、天（天帝）から命じられた職の意であった。つまり天職とは、自らの意志で「選び取った仕事」ではなく、天下万民という他者の幸福のために徳高き統治者に「与えられた仕事」だったのである。

英語のvocationもまた、「与えられた職」というニュアンスを備えている。この語は、もともとは使命とか聖職を指す言葉であり、「神によって与えられた（人々に奉仕する）仕事」だったのである。

現在、われわれが天職というとき、それが他者のために選ぶ職、他人に奉仕する職という意識は希薄である。天職はあくまで、自分自身のためのものであると感じている。だが、「自分が自分の生き甲斐としてやることに、他人が金を出してくれる」というのは、かなり虫のいい話ではあるまいか。これほど消費者を無視し、馬鹿にした態度もない。

だが、意外なことにわれわれは、そういう無茶苦茶な「仕事」の仕方をする人間に、奇妙な敬意というか、憧れの気持ちを抱く傾向がある。「取材拒否の料理店」とか「頑固おやじの店」が評判になるのも、そうした心理の表れだ。われわれはどこかで、客に媚びないのが立派なことであるかのように感じている。

作家の佐藤愛子の祖父・佐藤弥六は、津軽藩士だったが、極めつきの頑固者で、明治以降も客に媚びないどころか罵倒して暮らしていたという。

（佐藤弥六は）維新後は弘前市で西洋小間物の店を開いたりしていたが、客が来て値段を聞くと、うるさい、ほしければ勝手に持っていけ、と怒鳴ったりしたので経営が成り立つわけがなく、晩年は郷土史研究や農業改善に力を尽くして八十一歳で亡くなった。

祖父は弘前では知らぬ者はいないといわれたほどの口やかましい頑固者で、生涯妥協というものを知らずに過ごした。人に向かってことごとに馬鹿者呼ばわりをしたので、祖父が死んだ時、弘前の人たちは「これで弘前から馬鹿者がいなくなった」といったという。

祖父は訪問客が都合も聞かずにやって来たといっては腹を立て、贈物を持参したといっては怒鳴りつけた。帰ろうとすると、勝手に来て許しも得ずに帰るのは無礼だと怒る。中学の歴史の教師が授業中に吉田松陰を呼び捨てにして教えたというので、「君子の礼を知らぬ無礼者」と怒ったという話や、入学式で校長が勤倹貯蓄を奨励したのを聞いて、男子たるものに金を貯めることを教えるとは何ごとか！　と来賓席から叫んだという話など、頑迷奇人ぶりを語る挿話は枚挙にいとまがないほどである。

祖父はリンゴの品質改良に功績があっという理由で、黄綬褒章を与えられた。町の人が喜んで祝賀会を開いたところ、祖父は、

「俺が百姓の仲間入りをしたのがそんなにめでたいか！」

と怒ったので祝賀会はメチャメチャになってしまった。

（佐藤愛子『淑女失格』）

この一文を読んで、佐藤弥六を嫌なやつだと思う読者は、おそらくいないだろう。だが、迷惑な男だとは思うかもしれない。自分が彼の店の客となったり、近所の人間として祝賀会を準備する側にはなりたくないとも思うだろう。にもかかわらず、われわれは誰しも、心のどこかに、佐藤弥六のような生き方をしてみたいという気持ちを抱いているのではないだろうか。

佐藤弥六は奇人だが、ただの変人ではなかった。リンゴの品質改良の功績を認められたというからには、それなりの知識人でもあったのだろう。それに一本筋の通った人間だった。にもかかわらず、彼は理には聡《さと》くとも、利に疎《うと》かった。だから、商売人としては成功せず、しょっちゅう怒ってばかりいて、それでも周囲の人々から尊敬されていた。

われわれが佐藤弥六に抱く感情は、清貧への憧れである。だが、そもそも清貧とは、旧藩士であり学識者でもあって、世が世ならば、もっと重く用いられて然るべき佐藤弥六のような人物が、似合わぬ世俗の泥のなかで、貧しくとも孤高の精神を失わずに生きていることであって、最初から無知で貧しくては「清貧」も何もないのである。

ようするに清貧も奇人も、世俗から超然としているように見えながら、所詮は形を変えたエリートであり、階級意識の産物なのである。それが端的にあらわれているのが、店に来た客を怒鳴りつける消費者軽視の態度であろう。そして俗物であるわれわれが、ときに清貧や奇人に憧れるのは、まさに彼らが一種のエリートだからにほかならない。けっきょくエリート礼讃であり、ここにも「ふつうでないはたらき方」を、「ふつうのはたらき方」の上位に据える思考がある。

†親と子の虚構の「ワンランク上」

「ふつう」ではないはたらき方を特権視するのは、若者ばかりではない。フリーターの親のなかには、つまらない就職をするくらいなら、フリーターのほうがましだと考える人々が存在する。

バブル崩壊以降、親（大人）自身が、これまで自分たちが築いてきた社会に対する自信を失ってしまった。そうした親たちは、子供に対して「ふつうの就職をしろ」といえなくなってしまった。それどころか「自分は会社に縛られる生き方をしてきたが、せめて子供には自由な生き方を見つけて欲しい」と願っている節がある。

一見すると、これは大変にもの分かりのいい態度のように感じられる。こうした親が、息子や娘のパラサイト・シングル・ライフを支えてくれることは、フリーターにとっては夢を追い続ける期間を延長できるわけだから、願ってもない好環境といえる。

だが、そうした親の姿勢は、子供たちの甘えの温床になっているどころか、若者にとっては、新たなプレッシャーになっているのではあるまいか。こうした「もの分かりのいい親」の子供は、

「ふつう」ないしは「ふつう以下」の就職を受け入れ難くなっているのではあるまいか。もちろん親が、直接的に「夢を追い続けろ。ふつうのつまらない会社になんて就職するな。お前はビッグになれるはずだ」とプレッシャーをかけているわけではない。だが、モラトリアム期間が長くなれば長くなるほど、そのぬるま湯から抜け出すための心理的負担は大きくなる。そしてプライドと夢ばかりが大きくなってしまった若者は、自分から敗北宣言が出来なくなってしまっているのではないか。その上、引導を渡すべき親が、あまりにもの分かりがいいので、子供としては引っ込みがつかなくなっているということも、あるのではないだろうか。

現代の日本では「ふつう」はあまりに軽んじられている。いざとなれば親が手に入れているような（そしてパラサイト・シングルが親を通じて現に今、享受しているような）「ふつう」の生活は、ちょっと長めの冒険的青春をおくった後でも、容易に手に入ると考えている。だが、それは相当に難しくなっている。本当なら今時、モラトリアムを延長していられるような状態ではないはずなのだ。

若者たちも、実は薄々それに勘づいている。それどころか、私が出会ったフリーターのうちのかなりの人数は、夢を語る一方で、親が手に入れたような「ふつう」の生活を達成するのが、いかに難しいかを訴えていた。多くの若者が正社員になり結婚して子供を持つという生活をしていないのは、別にそれがしたくないからではなくて「ふつう」が難しいからであり、高いハードルとしての「ふつう」を回避するが故の「自分らしさ」なのかもしれない。

さらに私は、今、とても恐ろしい事態を空想している。それは今時の親世代にとっては、子供がフリーターをし、パラサイト・シングルになっているのを許すことが、親である自分自身の最後のプライドになっているのではないか、と。

本当は子供を信じているのではなくて、親として本来やるべき子離れ、子供の自立のための支援をせず、子供に頼られることを自分の存在意義として必要とする親。そんな親のようにはなりたくないと思いながら、離れられない子供。このような相互依存関係があるとしたら、それは親にとっても子供にとっても、不幸というほかない。ましてやその一方ないしは両方が、自分たちが「仕事」に対して抱いている文化的、歴史的、階級的な偏見に無自覚であれば、失職スパイラルからの脱出は不可能である。

フリーターから脱出するにせよ、そのなかから自分の新しいライフスタイルを構築するにせよ、自分のライフスタイルを決定する主導権を若者が自分で摑むためには、自分たちが無意識に前提としている文化基盤の異常さを認識し、意識化する必要がある。また大人世代の人々も、現代のような社会に生きている若者に労働の意味を伝えるためには、迂遠なようでも、戦前から戦後にかけての価値観の変遷を読み直さなければならないのではないか。

そもそも今やフリーターの親世代だって戦後生まれであり、豊かな時代しか知らない世代になりつつある。私が思うに、日本人、ことに日本の知識階級は、昔からずっと「仕事」が嫌いだったのであり、そのことへの自覚が希薄だったのではあるまいか。

そしてもうひとつ、最近、若者の仕事意識の異常性について考えさせられる体験をしたので、それも併せて紹介しておく。

食器や貴金属の輸入会社に勤務している女性（三十代半ば）に会ったときのこと。私が当時執筆中だった本書の話をし、若者が現実の自分の能力を正確に把握できずに、理想として抱く夢と現実のギャップに苦しんでいる状態について意見を求めた。私としては、キャリアウーマンである彼女から、自分の能力や職業適性の測り方を聞きたかったのである。

ところが彼女は「でも、それって私も同じかもしれない」と言い出したのだった。

私は驚いた。彼女は正社員として勤務しており、銀座の店舗でチーフ・マネージャーとして洋食器部門を統括、年に数回は海外に買い付けにも行くキャリアウーマンだったからだ。その日の服装も、機能的で趣味のいいスーツを着こなし、肩からエルメスのバーキンを下げていた。洗練されたファッションで仕事をこなす彼女が、フリーター的な問題を抱えているとは、どうしても思えない。

収入を聞いたところ、月給は手取りで約四十万円だという。それでどうしてフリーターと同じだと感じるのだろうか。実家暮らしで親とは同居しているが生活費として四万円入れており、まったくのパラサイトというわけでもないという。

そんな彼女の話を要約すると、次のようになる。

彼女は、いつも充たされていない、まだ足りないという飢餓感に苛《さいな》まれている。仕事をしていても、もっとできるはずだと思うし、ようやく何かを達成すると、その成果が周囲から正当に評価されていないのではないかという不満が頭をもたげる。その一方で、自分に自信が持てない。実は私が洗練されていると感じた彼女の服装は、彼女にとっては一種の戦闘服なのだそうだ。そうして自分の身を固めていないと不安になってしまう。

「雑誌でよくワンランク上の生活って、あるでしょ。でもどこまでいってもワンランク上は終わらないんです。それも分かってるんです。でも、あるが儘の自分でいたら、何だか負けたような気がしてしまう」

彼女はお気に入りのバーキンやその他の装身具を手に入れるために、クレジットカードでキャッシングし、今も百万円近い借金があるという。

「お金はがんばればすぐ返せるはずだけど、次々に慾が出ちゃうから、いつまでも（借金生活が）終わらない。このままじゃいけないと思うと、よけいにワンランク上の何かに眼がいってしまうんです」

ここにも、もうひとつの「逃げる若者」の問題が潜んでいた。

†かつて職業には貴賤の別があった

　大人になったら、仕事に就くのは当たり前だと、われわれは何となく信じてきた。フリーターをやっている若者だって、正社員としてフルタイムではたらくのは嫌でも、自分が好きな時間に、好きな仕事をする（そうやってお金を稼ぐ）ことは当然だと思っているようだ。

　フリーターを取材しているあいだ、ときどき彼らから「悪いことをして儲けてる奴等とは違って、ぼくらは何も悪いことをしているわけじゃない。むしろフリーターは仕事のエコロジーだ」といった意見が聞かれた。その一方で「ぼくだって、はたらいていないわけじゃないんです。ちゃんと自活できるくらいは、稼いでいます」という言葉も聞かれた。後者は裏を返せば、同じフリーターでも、自活しているフリーターは、自活できていないフリーターに対して批判の声をあげているようにも取れる。

　従来の社会的な枠組みにアンチテーゼを突きつけるような生き方をし、自分の道を歩いているかに見えるフリーターは、他人の暮らしぶりなど気にしないのではないかと思っていたのだが、そうではないらしい。けっこう「他の人は、どうなんですか」という質問もされた。

　フリーターをしている若者にとっても、「大人になったらはたらく」のは当たり前であるらしい。現状はあくまで一時的なものであって、ずっとこのままでいいわけではないのである。

資本主義であれ共産主義であれ、近代以降のあらゆる国家、あらゆる党派は「労働」「生産」を讃美してきた。「はたらかざる者、食うべからず」はレーニンの言葉だ。太平洋戦争敗戦後に制定された日本国憲法では、「労働」は国民の義務に数えられている。しかし、はたして、それは本当に「万人の常識」なのだろうか。もしそれが常識だとして、その常識はいつ頃、どのような事情で成立したのだろうか。

先に私は、「仕事」には「労働」と「自己充足」という二つの側面があると述べた。戦前の社会における「仕事」の自己充足度には、身分意識や階級意識が、隠微な影を落としていたように思われる。それは戦後の学歴尊重や「いい仕事」観にまで、ずっと尾を引いている。

明治維新以降、日本ではそれまでの封建身分制度は廃止され、四民平等が実施された。能力さえあれば、誰がどの職業に就こうと、当人の自由という世の中になった。とはいえ、皇族・華族という特権身分はあったし、士族・平民という身分は残留していた。それに付属する公的な特権や義務や制限はないものの、折りにふれて人々は身分を意識させられた。たとえば学校の卒業証書などには「平民　何野何某」「士族　某田某夫」と、身分が書かれた。しかも、前近代には異なる身分階層の人々はみだりに交流しなかったのが、明治以降は建て前上は平等であるために、学校や職場では、彼らは対等な関係を持つことになった。

だから戦前の社会では、かえって「士族」的な仕事である官吏や軍人が、その職務に付随する権力への畏敬ばかりでなく、身分的な憧れもあって、非常に尊重された。しかも彼らはその勲功次第では叙爵されて華族に列せられる可能性もあったのである。

それまでは職業は、生まれによって決められていたから、逆にいえばどの職に就いているかは当人の人間的価値とは別の問題だった。大名の継子は大名になるが、だからといって人間的に立派とは限らない。逆に足軽であっても、人間的に立派な人だってあり得たし、そのようなものとして世間は人間と職分を考えていた。

だが、近代になると職業は自由に選択できるものとなったために、「立派な平社員」というのは、あり得なくなった。立派なら出世するのが当然だからだ。そうしてすべての国民は社会的競争に参加させられ、職業の貴賤は、その人の人格の貴賤と見なされる傾向が、かえって強まった。

明治期の小説を読んでいると、職業差別の厳しさは一目瞭然だ。尾崎紅葉の『金色夜叉』（一九〇二）や森鷗外の『雁』（一九一三）では、高利貸しに対する偏見ともいえる露骨な嫌悪が見て取れる。これは、高利貸しが単純に貧しい人々の恨みを買っていたという事情のほかに、直接的にお金を扱う仕事であるが故に、「士族」的意識を持った人々の蔑視を誘ったという事情がある。当時はまだまだ、「お金儲けは卑しい」という前近代の価値観が生きていたのである。

また川端康成『伊豆の踊り子』（一九二六）は、一高の学生（エリート予備軍）は踊り子との身分の差の自明性が前提になっている。人柄という点で見ると、ストーカー的な学生よりも「いい人はいいね」と言い切る踊り子のほうが尊いのではないか、と私などは思うのだが、どうも戦前の価値観では、そうではないのである。

†卒業後すぐには就職しなかった「私」

フリーター的若者は明治時代にも、少数ながら存在した。夏目漱石は、そうした青年像を巧みに描出している。漱石はたぶん、今の若者にとって最も実用的な作家である。同じ明治の文豪でも森鷗外では、そうはいかない。

なぜかというと、鷗外の作中人物は自己の価値観が明確で、揺れがない。自己決定している。たとえば『青年』（一九一〇～一一）の主人公は友達が金を貸してくれというと、ぴしゃりと断る。これはなかなか出来ることではない。漱石の『三四郎』（一九〇八）では、主人公は自分の下宿代を友人に貸してしまい、あちこちに波紋を広げるのだが、こちらのほうはだらしない分だけ人間的である。けっきょく鷗外作品は勉強にはなるが参考にはなりそうもないので、本書では戦前までの若者像として、主に漱石作品を取り上げることにする。

さて。夏目漱石は近代社会の大前提である「仕事」について、根元的な疑問を突きつけた人物だった。漱石作品を読んでいると、私は現在のフリーターが抱えている問題から、日本経済の問題まで、すべてが「予言」されていたように感ずる。

たとえば『こころ』(一九一四)の話者である「私」は、大学生だ。「私」は、大学を卒業しても、すぐには就職しないのである。在学中に就職活動らしいことは、あまりしていないし、卒業後も積極的に職を探そうとはしていない。「私」は大学を卒業すると、まず両親が暮らす田舎に帰って、しばらくのんびりと過ごす。

彼は地方の中産階級の出身で、郷里には両親の家がある。彼は次男だが、兄も大学出で、現在は郷里から離れた場所で地位を得ているらしい。「私」が大学を卒業した頃、郷里の父は老衰しており、病床に伏していたため、一時帰省したのである。見方によっては、彼は父のために、都会で就職するのを遅らせて、帰ってきたようにも感じられる。

とはいえ、「私」は、そのまま田舎で暮らすつもりではなく、いずれはまた東京に行こうと考えている。両親もまた、息子に近くにいて欲しいと思う一方で、東京で活躍して欲しいと願っている。ただ、父は大学出である「私」ならば、いずれ相当な地位に就けるものと信じており、だからあわてて就職しなくてもいいと考えており、自分の体調への不安もあって、今しばらくはこのままでいるのもいいと感じてもいる。その一方で、なるべく早く息子が職に就くのを見届けたいという矛盾した気持ちがある。

『こころ』のなかで、「私」たち明治末期の大学卒業者の就職環境は、次のように描かれている。

八月の半ごろになって、私はある朋友から手紙を受け取った。その中に地方の中学教員の口があるが行かないかと書いてあった。この朋友は経済の必要上、自分でそんな位地を探し廻る男であった。この口も始めは自分の所へかかって来たのだが、もっと好い地方へ相談が出来たので、余った方を私に譲る気で、わざわざ知らせて来てくれたのであった。私はすぐ返事を出して断った。知り合いの中には、随分骨を折って、教師の職にありつきたがっているものがあるから、その方へ廻して遣ったら好かろうと書いた。

私は返事を出した後で、父と母にその話をした。二人とも私の断った事に異存はないようであった。

だが、中学教師の職を断ろうとする理由は、親子で異なる。父は「もっといい仕事」を望んでおり、息子は仕事に就くことそのものへの漠然とした恐怖を感じているのだ。端《はし》なくも、ここには現代のフリーターと、その親の断絶までが、巧みに予見されているかのようだ。

どうして親子に、このような「懸隔《けんかく》」が生じたのだろうか。

『こころ』のなかで、「先生」は自分の学生時代（明治二十年代）をふり返り、明治四十年代の学生である「私」に、「その頃の大学生は今と違って、大分世間に信用のあったものです」と述べている。いうまでもないことだが、『こころ』の「先生」や「私」が卒業した大学というのは、東京帝国大学である。そして明治四十年代でも同大学の定員は、現在の東大よりはるかに少なかったから、彼らが知的エリートであることは、疑うべくもなかった。それでも明治四十年代には、明治二十年代と比べたら、かなり定員が増加しており、したがって「大学生」の価値は、インフレを起こしていたのである。

それでも、親たちは「大学（東京帝国大学）を出たのだから、それ相応な職に就いてもらいたい」と願う。それにたしかに、当時でもまだまだ「大学出」は就職には圧倒的に有利だった。たとえばある民間企業では、技術系の高給社員を雇うに際して、大学出は「研究員」とし、それ以外の学校出は「技士」という名称を与えて、区別していた。当然ながら給与も格差があった。ちなみにここでいう大学とは帝国大学のことだ。大正七年の大学令改正までは慶応や早稲田といえども正式には「大学」ではなく、専門学校の扱いだった。したがって、早稲田の理工を出ても「技士」なのだった。

このように大学出の学士が特権的存在である一方、地方の中産階級家庭にとって、子供を大学までやるのは、大きな経済的負担であった。それほどまでにしてやった息子が、卒業後も自立しないとなると、親は本当に困るのである。もしかしたら「私」の家庭では、「私」の学生生活を支えるために、父祖伝来の田畑の一部を処分したのかもしれない。

そういえば『三四郎』の主人公は、九州の田舎から東京帝国大学に入学して上京してきた青年だが、彼の家では、すでに父が亡くなっており、母が田舎で田畑の管理をしながら暮らしている。そのつましい生活のなかから、都会に出た息子に仕送りをしているのである。だが、安定した社会で成長した子供は、親の苦労や経済状態に気がまわらない。

三四郎があれこれ考えた末に夢見る「将来」とは、「要するに、国から母を呼び寄せて、美しい細君を迎えて、そうして身を学問に委ねるに越したことはない」というものだ。この「美しい細君」とは「燦として春の如くうごく世界」の代表であって、その世界には「電灯がある。銀匙がある。歓声がある。笑語がある。泡立つシャンパンの盃がある」のである。つまりそれは、経済的、世俗的な成功の象徴である。

三四郎の価値観を、もっと露骨にいえば「いい女」を手に入れたかったら、世俗的な成功者にならなければならないということになる。そして三四郎は、そうした世俗的・経済的成功を学問的成功によって手に入れたい、と漠然と思っている。

実は『こころ』の「私」も、秘かにそんな生活を願っていた節がある。ただし、新入生の三四郎とは違って、卒業生の「私」は、そう簡単に「いい職」に就けそうもないという現実を知っている。それなら世俗的な努力をするかというと、そもそも三四郎や「私」の望みは、世俗的な成功にあるのではなく、郷愁の世界、学問の世界、世俗的成功の三つを三つながらに手に入れることなので、そのひとつに過ぎない世俗的成功のために、あえて長い時間と忍耐を費やす気にはなれないようだ。それくらいなら、何となく郷里に止まって、のんびり暮らしているのも悪くはない。ずっとでは困るが、今しばらくは……と思うばかりである。

だが、そののんびりした生活とは、現実には、親の財産を目当てにした生活にほかならない。つまりパラサイト・シングル。この場合、人生観、職業観が大きく隔たっていながら、親が子供を受け入れているのは「愛情」のためで、子供が親の前で黙然としているのは「金目当て」ということになる。

実際「私」は、父と対面しながら「先生は私に国に帰ったら父の生きているうちに早く財産を分けてもらえと勧める人であった」と思い出す。つまり「先生」は、間接的に「はたらかずに、親の財産を食いつぶして生きよ」と勧めたのであり、「私」は「それもいいかな」と薄々考えているのである。

†はたらかなくてもいい「先生」

ここで、現代に立ち戻って考えてみよう。

なぜ、人ははたらかなければならないのか。この問いに答えるのは、簡単なようで、意外と難しい。

「食べるため」というのは単純明快だが、食べるだけなら、さしてはたらかなくてもどうにかかなる。極端なことをいえば、現代日本では最低限の文化的生活は国民の権利として保障されているのだから、手続きを踏めば生活保護を受けることだってできる。日本国民は餓死することはない。理論上はそういうことになっている。つまり、はたらかなくても飢え死にはしない。

ただし、この場合は当人の自尊心が問題になる。体が弱いとか、幼い子供を抱えていてはたらきに出るのが難しいとか、はたらくのが困難な事情があるのならば仕方ないし、生活保護を受けるのを恥じる必要はない。だが、はたらけるのにはたらかず、生活保護を受けるというのは、ふつうなら自尊心が許さないだろう。あるいは自分では恥じなくても、周囲から軽蔑の眼差しを注がれるのは、如何ともしがたい。

だが、はたらかなくても十分に生活できる金がある場合は、どうだろうか。それもパラサイト・シングルのように、親から折々にお金をもらうという程度ではなく、自分名義の資産として、はたらかなくてもその利息だけで十分に暮らしていけて、目減りしないほどの財産がある場合には、どうだろう。そういう人は、はたらく必要があるのだろうか。

たとえば、貸ビルとか貸マンション(『こころ』の時代なら家作や小作農地)などの不動産を所有している場合。その不動産の賃貸料によって一定以上の不労所得があがれば、ひとははたらかなくても、給与所得者が給料を手にするように、安定した収入を将来にわたって保証されることになる。いや、古来から「すまじきものは宮仕え」というように、会社員や戦前までの官吏・

公務員は、いつリストラされるか分からない存在だったから、不動産賃貸収入のある不労所得者のほうが、ずっと安定していたといえる。

こうして不労所得を産む資産を恒産という。歴史的にいえば、こうした不労所得者の代表は貴族や大名であり、明治以降の日本では地主階級がそれにあたる。

こうした階級の人々は、通常、われわれが考えているような意味では「はたらいて」はいない。もちろん、旧時代の地主だって、農地の管理や農作物の改良、さらには小作人たちの生活の心配など、いろいろなことをしていただろう。むしろ今の私などよりは、よほど忙しい毎日を過ごしていたかもしれない。また、現代の不動産所有者の多くは、その賃貸業務を会社組織にしているので、名目上は会社社長になっているはずだ。したがって、職業欄に「無職」と書く必要はなく、クレジットカードの申し込みではねられることもないだろう。

しかし形はどうあれ、彼らの収入は彼自身の労働によってもたらされるものではないという事実には、変わりはない。彼らがお金のための労働をしていないことには、変わりはない。

だが誰も、彼らがはたらかないからといって、軽蔑しはしない。それどころか逆に、尊敬さえするのである。ようするに金があれば、金のためにはたらかなくてもいいのだ。

『こころ』の「先生」は、まさにそのような立場に立っており、したがってはたらいていない。この場合、「先生」に教養があるとか、知的エリートだということは、その経済的基礎とはぜんぜん関係がない。教師のように知識を切り売りして儲けているわけではなく、発明家のように特許で利益を得ているわけでもないのだから、知識は「先生」の経済的実生活のためには、あってもなくてもまったく関係ない。知識は「先生」にとって一種の道楽なのである。

†ジェントルマンの「仕事」

教養があって仕事をせずにすみ、自由な時間があるとは、羨ましい限りだ。ふつう、こうした存在形態としてよく引き合いに出されるのは、ジェントルマンのライフスタイルである。西洋版の士大夫といえる。夏目漱石は英文学者であり、英国に留学した経験もあるから、当然、その生活ぶりを知っていた。

ジェントルマンは、語源的には地主階級を意味するジェントリーに由来している。英国には貴族制度があるが、英国における上流階級は、爵位を有する貴族のほかに、それに準ずる古くからの地主階級(それは貴族の分家筋であったり、婚姻によって貴族階級とつながってもいる)が、その裾野を形成していた。

もっとも、そうした階級に属していれば、皆ジェントルマンなのかというと、事情はそう単純ではない。大貴族であっても、その人が傲慢、無知、卑怯などの悪徳を示せば「彼はほとんど皇帝のごとき存在だが、ジェントルマンではない」といわれた。ジェントルマンといわれるためには、何よりも礼儀作法を心得ており、勇敢で正直、公明正大であることが求められた。そしてこの規準を満たすためには、労働のためにははたらかないことが望ましいとされた。実際、十九世紀前半までは、商売人はいくら金があっても、尊敬はされなかった（おべっかは使われたとしても）。

ジェイン・オースティンの小説『高慢と偏見』（一八一三）では、サーの称号を持つある男について、別の登場人物が「彼は今や立派な紳士ね。この前までは、さぞや立派な商人だったのでしょう」と言う場面がでてくる。これは、商人上がりの男は、たとえサーの称号を持っていても、ジェントルマンとはいえないと皮肉っているのである。

いずれにせよ、ジェントルマンの資格は財産だけではない。財産プラス「何か」なのである。そしてこの「何か」とは、金儲けとしての労働では、断じてなかった。

では、貴族、上流階級にふさわしい「仕事」にどんなものがあるかというと、治安判事、外交官、政治家、軍人などの公的奉仕（国家的名誉）に関わるもの、あるいは慈善事業や芸術家の保護などの文化的消費（仕事なのに消費）である。また、これは「仕事」か「趣味」なのか微妙なところだが、冒険ならびにその冒険に付随する博物学研究、狩猟やスポーツなども、貴族の好むところであり、よほど度を超さない限りは尊敬の対象だった。

進化論の提唱者となるダーウィンも、生涯、金を得るための仕事には就かなかったし、彼が進化思想を確立するきっかけになったビーグル号での航海は、その費用のかなりの部分を彼の家が負担していた。

なお、これらが「仕事」として営まれる際にも、原則的には金銭的報酬は、彼らが「仕事」に支出する経費を上回ることはほとんどなかった。ようするに自腹を切ってやっていたのである。

近年、日本では外務省職員の国費の詐取や乱脈浪費ぶりが問題になったが、英国などでは「外交」に関わるのは名誉なことであり、国費ではなく自費で、公的交際をするのがふつうだった。そもそも英国では二十世紀初頭まで、外交官は初期の数年間は、無給なのがふつうだった。軍隊も同様で、十九世紀前半になっても、貴族のなかには自費で兵を雇い、正規軍に寄付するか、あるいは自ら義勇軍を率いて参戦する者が少なくなかった。

もっとも、こうした制度・社会習慣があるために、政治や外交に関わる仕事が、貴族ならびに富裕層によって独占されるという弊害もあった。だから民主化が進むにしたがって、そうしたシステムは改められていくことになる。だが、改革はそう単純には進まなかった。庶民の側からも職業政治家や職業軍人に対する疑問と不信の声が聞かれた。ここに「仕事」と「金」と「純粋な名誉（自己充足）」の一筋縄ではいかない関係が見て取れる。

†独身だから可能な高等遊民

漱石の作品には、しばしば高等遊民なる存在が登場する。この言葉自体、漱石の造語なのだが、ようするに高等教育を受けて学校を出ても、経済的な顧慮が不要で、就職することなく、好きな読書や散策などをして、表面上は無為に暮らしている人物を意味している。現実にはあまり存在しないが、小説の作中人物としては、おなじみのタイプだ。

『それから』の代助がまずそうだし、『彼岸過迄』（一九一二）の須永や、先に引いた『こころ』の「先生」も、そのひとりだ。

『彼岸過迄』では、大学出の敬太郎が職を得ようとあれこれ動きまわるのだが、彼の友人・須永は偉い軍人だった父親が利殖の道にも明るかったので、母と二人で床しくはたらかずに暮らしている。さらに母のその母の実弟に当たる男なども、一種の贅沢家で高等遊民である。もっとも、この高等遊民というポジションは、意外と不安定で退嬰《たいえい》的なものだ。

「何にもしないで贅沢に遊んでいられる位好い事はないんだから、結構な御身分ですね」と敬太郎が云うのを引き取るように母は、「どうして貴方、打ち明けた御話が、まあどうにかこうにか遣って行けるというまでで、楽だの贅沢だのという段にはまだ中々なので御座いますから不可ませんと」と打ち消した。

須永の親戚に当る人の財力が、さ程敬太郎に関係のある訳でもないので、彼はそれなり黙ってしまった。

（夏目漱石『彼岸過迄』）

ここで一点、注意しなければならないのは敬太郎と須永の母が考える「贅沢」の差異である。敬太郎が考える贅沢とは「外套の裏は繻子でなくては見っともなくて着られないと云ったり、要りもしないのに古渡りの更紗玉とか号して、石だか珊瑚だか分からないものを愛玩したりする」余裕を持っているという程度のものだ。

たしかに一人暮らしの男なら、それは充分に贅沢な生活状況だろう。だが、須永の母が実弟に望むのは、もっと経費のかかる生活だ。「一家を構え、妻にも相応の贅沢を許して夫婦揃って晩餐会や音楽会に出かけられるだけの体面を保ち、子供には充分な学問・教育を与え、いずれは子供に譲れるだけの財産を蓄え」と、「健全な生活」の支出は切りがない。

敬太郎の願望は「今現在」の生活だが、須永の母は「将来」の展望を求める。節約すれば一人くらいは生活できる財産に頼る生活は、優雅に見えても一代限りのもので、結婚も子供を持つことも不可能なのである。自分以外の家族を持ち、これを扶養するとなると、すぐに困窮してしまうのが高等遊民の財政事情なのだ。そうならないためには、身に付けた学識や学歴を生かして「仕事」をしなければならない。

これはもっと豊かな階層でも、基本的には変わらなかった。高等遊民のモデルであるジェントルマンも、事情は似たり寄ったりだった。ヴィクトリア朝英国では上流階級の独身者が多かったが、女性の側は持参金不足、男性側も資産の不足が、その主たる原因だった。はたらくことを軽蔑する階級に属する人々の内情は、自分一人の優雅な生活を支えるのが精一杯で、家族を持つ余裕がなかったのである。それならはたらけばよさそうなものだが、それでは階級からの脱落者になってしまう。けっきょく、彼らにとって結婚して子供を持つことよりも、自分自身の階級に止まることのほうが重要だったということになる。

ここには現代日本の晩婚化、少子化と同じ構造があった。

今時の若い男女は、決して無茶なぜいたくを望んでいるのではない。ただ、親元で気儘にしていられたのと同じような生活は、結婚するとなかなかできなくなる。つまり多くの若者にとって、結婚は階級的下落になるのだ。

ここでもう一度、三四郎が思い描いた幸福な未来の条件のひとつ「美しい妻」を思い出してみると、それは中産階級の道徳ではなく上流階級の価値観に属しているものだったことに気付く。そして世俗的な成功を「美しい妻」に代表させてしまう三四郎の経済的な成功への野心は、決して大きくなく、むしろ最初から彼の夢想は生産ではなく消費の方向を向いているのである。

「美しい妻」は無用の装飾品である。少なくとも社会的にはそうで、漱石作品では妻は労働と無縁な存在であり続ける。実際、銀行で何かまずいことがあった平岡の妻が、たとえば上司の娘とか、資産家の娘であれば、銀行を辞めずに「まずいこと」を穴埋めできたかもしれない。だが、友人の妹で今は有力な係累のない（しかし美しい）美千代と結婚した彼は、失職して生活に困窮してしまうのである。

その上、「美しい妻」を美しいままに保とうとすれば、家事労働を担う家政婦を置き、着物や宝飾品を調えるなど、多大な出費を伴う。それが出来ないとき、夫は妻に対して負債を負ったような具合になる。中産階級においても妻は生産性とは無縁であることが望まれる（夫ははたらいて稼ぎ、妻に非労働の〝上流〟を演じさせることで自己の階級上昇願望を一部満足させる）のだから、彼女にお金がないのは彼女自身の責任ではなく夫の責任となるからだ。

†「労働」を軽蔑する男の「仕事」論

『それから』のなかで、平岡と代助は、はたらくことの意味について、議論を戦わせる。平岡は代助の大学時代の友人で、卒業後は銀行に勤務したが、何かまずいことがあって失業中である。この対照的な立場に立つ二人の議論は、次のようなものだ。

平岡は「君は金に不自由しないからいけない。生活に困らないから、働らく気にならないんだ。要するに坊ちゃんだから、品の好い様なことばかりいっていて」という。一方、代助は「働らくのもいいが、働らくなら、生活以上の働きでなくっちゃ名誉にならない。あらゆる神聖な労力は、みんなパンを離れている」と主張する。代助の主張は、そのまま現代のフリーター論議で聞かれる「生き甲斐」としての仕事論と重なっている。

だが、代助の主張が、そのまま漱石の真意というわけではない。

そもそも『それから』の代助は、パラサイト・シングルである。健康で学歴もあり、三十歳を超えている成人男子の代助は、父や兄の生き方を批判的に傍観しながら、その分け前にあずかることは恥じとしない。代助がそのような立場に置かれていること自体、彼の実家・長井家の裕福さを強く印象付けるものでもある。

穿った見方をすれば、むしろ代助は、あまり実業に熱心ではないほうが都合がいいという事情もあるようだ。明治憲法下の民法では、原則として長男による家督相続が、最も穏当な「家」の継承制度とされていた。したがって、親の財産は長男が継承し、次男三男や女子は、多少の財産分与や嫁入りの支度を与えられるだけで、財政的には実家から切り離されるのがふつうだった。現代の民法のような平等な財産の分割相続は、原則的にあり得なかった。

能力は磨きながら、野心は禁じられた男。それが代助だ。

代助もまた、そうした実家の思惑に同調しつつ、巧みに利用している節がある。そして自身の階級的立場を堅持する野心を捨ててはいない。「独立する財産が欲しくはないか」と問われれば、

「もちろん欲しいです」と答える代助なのだ。

このような高等遊民・代助の在り方には、何かしら大きな欠落があり、欺瞞がある。代助自身も無意識裡に、自分が立っている地位の不安定さ、自分の態度の欺瞞性に気付いてはいる。彼が寝ながら自分の心臓に手を当てたり、脈を聴いてみたりするのは、自分の生命力の低下を感じているためだ。

そもそも、今や兄の家には男の子がいて、長井家にとっての「家の継承者に何かあったときの代役」という代助の役割は、すでに過去のものとなりつつあった。彼は、それまで与えられていた役目を、奪われつつあったのだ。

代助の在り方を痛烈に批判するのは、平岡常次郎だが、彼の議論は自分の不幸な身の上から離れないために、代助の生活の欠陥を的確に突くには至らない。

「はたらかない人間は駄目だ」と平岡は言うが、現実にははたらいていない代助のほうが、はたらいている（失業中なので、正確には「はたらいていた」と過去形でいわねばならない）平岡よりも裕福な生活をしている。そして学生時代の成績は代助のほうがよかったし、おそらく卒業後に得た知識にしても、平岡が実社会での経験によって得た以上のものを、有り余る時間を使って読んだ書物から得ているという自負心が、代助にはある。これは、典型的な有閑階級の紳士の価値観であり、戦前日本の知識人にも生活者に対するこうした優越感は無意識裡に染み着いていた。

高等遊民の欺瞞や欠落は、むしろ『それから』に登場するもう一人のフリーターの存在によって、明瞭に浮かび上がるように仕組まれている。

それは代助の家の書生とも食客ともつかぬ格好で居候している門野という若者だ。代助は門野を「この青年の頭は、牛の脳味噌が一杯詰まっているとしか考えられない」と見下している。たしかに代助と門野の知的レベルには格段の差がある。だが、その差が現実にどのように現れているのかというと、社会的には、まったく変わりはしない。代助の知識も趣味も、ただ彼自身の消費生活に使われているにすぎないからだ。その点では、門野が共に「のらくらしている」という現象を以て、自分と代助の態度は同一だと見なしているのは、正しいのだ。むしろ代助のほうが、より多くを消費しているという点で、より多く社会に寄生しているというべきかもしれない。

代助は、地道な努力をすることからも、冒険的な挑戦をすることからも切り離された状態で、宙吊りになっていた。それは半ばは親の罪だが、半ばは自分自身の責任でもある。

†生き甲斐と職業

夢見るフリーターがしばしば口にするのは「夢の追求」であり、「自分の可能性」である。だが、何より注意しなければならないのは、たとえば芸術家が妥協のない研鑽の成果として、真に優れた芸術作品を創ったとしても、それが職業的成功に結びつくとは限らないということだ。才能があるから、それで食えるとは限らない。優れているからこそ、読者に理解されず、売れないことだって大いにあり得る。実際、純文学には「売れない」ことを「文学」的には名誉であるかのように見なす傾向さえある。ただ、食えないだけのことだ。

夏目漱石は、この問題に対して、かなり自覚的だった。漱石は明治四十四年八月十三日に、明石で「道楽と職業」と題する講演を行ったが、その主題はまさに、価値と対価の乖離についてだった。ようするに、すべてを経済的な価値で計る近代社会において、仕事と生き甲斐の折り合いをどうつけるかを考えていたのである。

「道楽と職業」のなかで、漱石は「道楽といいますと、悪い意味に取るとお酒を飲んだり、また何か花柳社会へ入ったりする、俗に道楽息子といいますね、ああいう息子のする仕業それを形容して道楽という。けれども私のここでいう道楽は、そんな狭い意味で使うのではない、もう少し広く応用の利く道楽である」と述べている。現在、よく用いられている言葉でいえば、それは「生き甲斐」や「自分らしさ」ということになる。

これに対して「職業」のほうは、端的に経済的報酬のある仕事のことだという。

漱石はまず「現今の世の中では職業の数は煩雑になっている」という。しかし、大学を出た秀才でも、自分にあった職業を見つけられないのが現代だ、と述べている。

天下に職業の種類が何百種何千種類あるか分からないくらい分布配列されているにかかわらず、どこへでも融通が利くべきはずの秀才が懸命に駈け廻っているにもかかわらず、自分の生命を託すべき職業がなかなか無い。三箇月も四箇月も遊んでいる人があるのでこれは気の毒だと思うと、豈計《あにはか》らんや既に一年も二年もボンヤリして下宿に入って為すこともなく暮らしているものがある。

これなどは、まったく今時のフリーターもしくはプータローの姿だ。では、どうしてこのような事態が起こるのか。漱石はその理由を次の二つの点に要約している。

まず第一は、社会が「開化」して複雑になるのにしたがって、学問は専門化し、職業は細分化し、そしてひとつの「職業」を選択することによって切り捨てなければならない「その他」があまりに大きくなったために、決定するのが困難になったということ。つまり、昔はひとりの人間がしなければならない作業が多かった一方、それだけに自分が何をしているかが明瞭に認識できた。ところが進歩した社会では、自分のやっている仕事が社会そのものとどう関わっているのかが分かり難くなり、仕事の達成感やカタルシスが失われてしまった。そうした状況下では、ひとははたらけばはたらくほど、疎外感が深まることになる。

そして第二に、これが非常に問題なのだが、職業というのは、結局は「人のためにする」仕事に過ぎないという点。漱石は労働の他者性を、次のように説明する。

人のためにするという意味を間違えてはいけませんよ。人を教育するとか導くとか精神的にまた道義的に働きかけてその人のためになるという事だと解釈されるとちょっと困るのです。人のためにというのは、人の言うがままにとか、欲するままにというういわゆる卑俗の意味で、もっと手短かに述べれば人の機嫌を取ればというくらいの事に過ぎんのです。人にお世辞を使えばといい変えても差支ないくらいのものです。

このように「他人のため」を離れて、自分自身の希望であるような仕事は、ないのだろうか。

†「生き甲斐」である仕事

「道楽と職業」のなかで、漱石は次のように言い切っている。

私は芸術家というほどのものでもないが、まあ文学上の述作をやっているから、やっぱりこの種類に属する人間といって差支ないでしょう。しかも何か書いて生活費を取って食っているのです。手短にいえば文学を職業としているのです。けれども私が文学を職業とするのは、人のためにするすなわち己を捨てて世間の御機嫌を取り得た結果として職業としていると見るよりは、己のためにする結果すなわち自然なる芸術的心術の発現の結果が偶然人のためになって、人に気に入っただけの報酬が物質的に自分に反響して来たのだと見るのが本当だろうと思います。もしこれが天から人のためばかりの職業であって、根本的に己を枉げて始て存在し得る場合には、私は断然文学を止めなければならないかも知れぬ。

この講演の前半で、漱石は「報酬」は「仕事」が「人の為」になっているから支払われるのだ、と述べている。もちろん、漱石はそのことを自覚している。

幸いにして私自身を本位にした趣味なり批判なりが、偶然にも諸君の気に合って、その気に合った人だけに読まれ、気に合った人だけから少なくとも物質的の報酬（あるいは感謝でも宜しい）を得つつ今日まで押して来たのである。いくら考えても偶然の結果である。

「偶然」に「道楽」が「報酬」に結びついたとしても、その「偶然」の継続的獲得に期待して職業を決定するとすれば、それはあまりに迂闊であろう。とすれば、現に「文学」を「仕事」としている漱石のこの言葉には、ある種の欺瞞、もしくはパラドクスが潜んでいると見なければならない。

生活費を得るための職業として文学を選んでいる以上、彼（別に漱石とは限らない）は売れるものを書かなくてはならない。エンターテイメントとして大部数売れるものは勿論、選良たる少数の読者を対象にした高踏的文学であれ、商業ベースに乗せる以上は、最低部数の読者は確保しなければならない。

この構図は、現代も明治末期も基本的には変わっていない。もちろん漱石は、そんなことは百も承知していた。だが、漱石はその困難を知りながら、あえて「この偶然が壊れた日には何方《どっち》本位にするかというと、私は私を本位にしなければ作物が自分から見て物にならない」と述べ、さらに「反響が物質的報酬となって現れて来ない以上は餓死するよりほかに仕方がない」とまで言い切っている。

漱石が自身の文学的成功を「偶然」の産物にすぎないとみなすのは、謙遜してのことではない。むしろ逆に、強い自負心のあらわれである。

漱石は自分の作品が優れていると自負していた。だからこそ、それを理解できる読者がどれくらいいるかを心配していたのである。良い作品を書いたからといって、報酬面で報われるとは限らない。そこに生き甲斐としての仕事をする者のジレンマがあった。

しかしあくまでも他人本位ではなく自己本位で仕事をしようとする漱石は、読者に迎合するような意味での作品についての妥協を、断固として拒否する。このように、自己本位の営為は、他人本位の仕事以上に深く厳しい職業倫理につらぬかれた、誠実な仕事なのである。

†成功者と組織的「誠実」理論

世間一般でいう「誠実な仕事ぶり」は、漱石的な自己本位の誠実さとは、異なる位相で考えられていることが多い。

『それから』の代助の父・長井得は、幕藩体制下の藩士から、尊皇運動への参加を経て、新政府の役人、そして実業家と、華麗なる転身を遂げている。そしてその度に立身し、財産を増やしてきた。本人はそれを誠実と熱意の結果と信じている。

だが、彼がそのときどきで掲げてきた大義名分、行動を正当化する名目は、相矛盾するものもあり、その意味で彼は、幾度も「転向」を重ねてきたはずである。にもかかわらず、彼は自分の一貫性を主張してやまない。そして現に、自分自身、そう信じている。

彼が自己矛盾を来さないのは、彼が徹頭徹尾、組織の人だからである。彼はその時々で、自分が属した組織に誠を捧げてきた。藩士であったときには藩に忠誠を尽くし、新政府に仕えたときには新政府に尽くし、会社を起こせば会社を第一に考えて行動している。その意味で彼は、たしかに誠実な人間ということが出来る。

しかしそれは、あくまで職場への従順に過ぎない。彼が自ら信じるように、天下（社会公衆）のためを考えて行動したことがあるのかどうかは、はなはだ疑わしいし、職務に忠実であるかさえ、実はあやしい。

†本当の業務目的と顧客満足との落差

漱石は講演「文芸と道徳」（一九一一）のなかで「昔の道徳すなわち忠とか孝とか貞とかいう字を吟味してみると、当時の社会制度にあって絶対の権利を有しておった片方にのみ非常に都合のよいような義務の負担に過ぎないのであります」と述べている。そしてその都合のいい側に与《くみ》した人間は、忠だの孝だの貞だのを言い訳にして、巧みに自己の保身を図り、利を貪ることにもなる。

周知のとおり、作家になる以前の漱石は、長らく教職に就いていた。職業についての漱石の用心深い距離の取り方には、たぶん彼自身の職業経験が反映している。教師としての漱石は、口うるさく厳しい存在として知られていた。漱石は、生徒たるもの、教室に入って教育を受ける気でいる以上、予習復習をし、私語などもってのほか、という態度で臨んだ。

漱石が東京帝国大学ではじめて英文学を講じたとき、その講義が英語・英文法を喧《やかま》しくたたき込むという体のものだったために、学生から不平の声が挙がったという。学生たちは、より深い

「文学」の命題についての講義を欲したのである。一方、漱石は、英文の読解力が低く、発音もろくに出来ない者が、英文学の「内容」の解説や伝授を求める態度を、安易に結論だけを他から学ぼうという愚劣な態度と見なして、苛立った。

漱石の厳格な教育法は、熊本の五高でも、松山中学で教鞭を執っていたときにも、一貫していたらしい。松山中学には、教師の名前を織り込んだ数え歌が伝わっているが、そのなかで漱石は「七つ、夏目の鬼瓦」と歌われていた。これは、漱石の風貌に由来するものではなく、彼の教育姿勢、厳格で始終、生徒を鬼の形相で睨んでいたことに起因していただろう。

漱石が生徒に対して示した厳しい態度は、彼の職業倫理に基づいている。教師の職責は生徒を教育することだ。であるからには、自分が教えられる限りのことを、せいいっぱいたたき込まなければ申し訳がない。ましてや時間が限られているのだから、厳しくなるのは当然だった。漱石は授業時間にも厳格で、遅刻を許さず、自身も授業時間中は目一杯、講義をした。

だが、実際の学生は、身に付く内容の詰まった授業を喜ぶとは限らない。むしろ授業時間に遅れてやってきて、早く切り上げる類の教師に人気が集まったりする。この場合、学生は知識を得るという本来の目的からすれば損をしている。だが、楽をして単位が取れればいいという立場に立てば、これが「儲けた」ことになるのである。つまり、努力をして本当の学識を得るよりも、鍍金《ときん》の卒業証書で満足する学生が多いのだ。

この場合の「学生」を、より一般化して顧客・消費者と考えれば、先に述べた「他人本位の仕事」すなわち、相手の気に入るようなサービスを施すのが、教師の仕事ということになる。

仕事が客のニーズに応えるものなら、その目的は「客に満足を与える」ことであって「客に利益を与える」ことではないことになる。たとえそれによって、客が本当は損をすることになると分かっていても、あえて事実を忠告するようなことはせず、客が安易に求めるいい加減な商品を、言葉巧みに売りつければ、それでいいということになる。そしてまさに、そのような紛い物の満足を求めるのが「学生」であり、大衆消費者層である、というのが、当時の(そして今現在の)日本の現実なのだ。

その証明のようなものが、近年の日本における教育改革の動向である。文部科学省は授業時間の短縮、学校の休日の増加を推進し、あわせて義務教育での教育内容を著しく減らす方針を打ち出した。落ちこぼれをなくし、子供たちに心のゆとりを持たせるというのが、その大義名分である。そして概ねの教員も、自分の仕事が楽になるこの「改革」を、好意的に受け入れた。漱石の理想とは対極の教育思想である。

漱石は『愚見教則』のなかで、次のようにこぼしている。

今の書生は学校を旅館のごとく思う。金を出してしばらく逗留するに過ぎず、いやになればすぐに宿を移す。かかる生徒に対する校長は宿屋の主人のごとく、教師は番頭丁稚なり。主人たる校長すら、ときには御客の機嫌を取らねばならず。いわんや番頭丁稚をや。

では理想主義を貫けばどうなるか。教師は『野分』（一九〇七）の白井道也のように職を辞すことになるかもしれない。そして、さらに理想主義的なことをいえば、そもそも生徒や周囲を感化できなかった時点で、教師失格となるだろう。もちろんそれは、人間の能力を超えた理想だ。

†「呑気」がはらむ危険な欲望

だから現実に仕事に従事する者は、程度の差こそあれ、妥協をしながら生きることになる。それどころか、はたらく前から責任を持たない生活を欲する者もいる。夏目漱石の『彼岸過迄』の敬太郎が空想する「生活」とは、次のようなものだ。

南洋の蛸狩はいかな敬太郎にもちと奇抜過ぎるので、真面目に思い立つ勇気も出なかったが、新嘉坡の護謨林栽培などは学生のうち既に目論んで見た事がある。当時敬太郎は、果しのない広野を埋め尽す勢で何百万本という護謨の樹が茂っている真中に、一階建のバンガローを拵えて、その中に栽培監督者としての自分が朝夕起臥する様を想像してやまなかった。

彼はバンガローの床をわざと裸にして、その上に大きな虎の皮を敷くつもりであった。

だが、このような生活をするためには、莫大な資本が必要になる。

敬太郎がこんな夢想を抱いた背景には、当時の殖民地体制があった。明治三十年代以降、「学問」による立身出世から脱落した非エリート青年層の野心は、日本の帝国主義的な国権拡張を後押しするエネルギーとなったのである。

その動きは、藩閥政府に批判的な「民権論」の運動家によっても、熱烈に支持された。とくに大陸への進出を目指す北進論は、板垣退助率いる自由党がもっぱら主張し、南太平洋・東南アジアへと向かう「南進論」は大隈重信の改進党が、これを夢見た。

現実の日本は、日清、日露という二度の戦役を通じて台湾、朝鮮半島、南樺太をその版図に加えた。そして北進的な大陸経営が、大日本帝国の発展の既定路線となりつつあった。

漱石作品においても、満州や朝鮮への「都落ち」は、落伍者の辿る道筋として描かれている。『門』(一九一〇)では、しばしば満州行きが話題になるし、『明暗』(一九一六)の小林は、日本で食い詰めて、朝鮮での就職を考えている。彼らは、日本帝国の支配力がおよぶ外地において、国内で失った地位なり資産なり野心なりを回復しようと考えている。小林は社会主義思想に傾倒しているが、行動の実態は帝国主義者と変わるところはない。

同じような欺瞞はわれわれのなかにもある。フリーターは意識的にせよ無意識にせよ、今の日本社会への批判を抱いている。だが、そうした日本社会のシステムに依存することで、フリーターやパラサイト・シングルは可能となっているのも事実なのだ。

†バンカラという成功への近道

ともあれ敬太郎は「呑気な夢想」をあっさりと諦める。だがこうした夢想は、明治末期には「バンカラ」という形で、一般的な願望として顕在化していた。

『広辞苑』によると、バンカラとは「風采の粗末なこと。ハイカラをもじって対応させた語」とある。では、バンカラに対応（対立）するハイカラとは何かを改めて確認してみると、「（たけの高いカラーの意）①西洋風を気取ったり、流行を追ったり、新しがったりすること。また、その人。皮肉って『灰殻』を当てる。②日本髪に対する西洋風の婦人の束髪」とある。

日露戦争後の日本社会は、ようやく近代化が一段落し、社会制度の固定化が進んでいた。それは若者にとって、窮屈な時代が到来しつつあることを意味した。そんななかで「バンカラ」は、人間本来の自由奔放さを発揮する若者像として登場した。それは枠にはまった学歴エリートに対するアンチテーゼでもあった。

博文館の月刊誌「冒険世界」（明治四十四年十月号）には、河岡潮風案、古洞画による一対の人生双六《すごろく》マンガが掲載された。それは『凹吉へコタレ画伝』と『凸之助元気増進画伝』である。この命名からも分かるように、凹吉はこぢんまりとした人生を送る才子であり、凸之助は波瀾万丈の冒険的人生を送る。そして「冒険世界」は、その誌名からも察せられるとおり、冒険を推奨し、バンカラを鼓舞する姿勢をとっていたから、当然、凸之助こそが真の勝利者として描かれている。

凹吉は、幼い頃は冒険に憧れたが、「二十歳・往来であう自動車が、ブーブーガタガタ砂煙あげて飛びゆく威勢よさ。南洋などで苦労して、獅子と喧嘩をするよりも、どうやらこれがよさそうだ」と出世を志し、「二十五歳・いよいよ出来た学士殿。銀の時計も貰いけり。秀才なんぞと新聞は頻りに肖像借りに来る。征伐なんぞそこのけだ。いよいよ官吏を志す」ことになる。そして上司の娘を妻にして、「役所へ出れば大威張り。人民どもは虫の如、下役どもは犬の如、一日威張って」暮らすようになる。だが体力がないので「四十五になりもうすでに、身体続かず辞職して、恩給もらって」大磯の邸宅で余生を送るのである。

一方、凸之助は子供の頃は手の付けられない腕白坊主だが、世界地図を見て日本を大国にしなければと志を抱く。そして大学へ行くのだが「二十五歳・大学を出て学士にて。成績ビリから四番也。しかし事業はこれからじゃ、卒業証書は反故紙だ。何糞馬鹿と踏み破る。」その後、若くして代議士になるが、思うところあって辞職。洋行してもバンカラぶりを発揮して喧嘩に明け暮れるが、やがて四十五歳・世界の浪人。十年を暮らして渡る南洋島、ここで土人を征服し、大鉱脈を発見し、大金持ちになる。そして「七十歳・南洋王と仰がれて、富は世界に比類なし。其数実に九十億。今や病に囚われてさしもの英雄死なんとす。而かも元気は倍加して、ベッドの上に起きあがり、今より地獄の鬼どもを征服センと大喝す」るのである。

凹吉は学歴エリートとして官界に進み、程々の成功で満足して、早くに引退してしまう。彼は親の言いつけをよく聞き、社会の枠に収まった利口者の人生を送る。凹吉の妻が里の家を自慢するような女性、つまり「実利になる妻」であることも、興味深い。

これに対して凸之助は成績不良ながら意欲があり、冒険心に富んでいる。そして波瀾万丈の生涯を送り、巨万の富と長寿を手に入れる。一時は、既成社会の枠をはみ出した生き方をして、世間から白い目で見られることもあったが、最終的にはビッグになるのだからバンカラの価値観は破天荒に見えて、その実、ちゃっかりしたものだともいえる。

凸之助こそは、大きな夢を追うフリーターの理想といえそうだ。そして「冒険世界」が凸之助を称揚していることからも分かるとおり、バンカラ的生き方は、一部の大人たちからも強く支持されていた。

思うに親を含む世の大人たちは、子供に学業優秀、品行方正であることを望む一方、既成の枠をはみ出す腕白さ、元気のよさをこそ、願うものなのかもしれない。一昔前「腕白でもいい、逞しく育って欲しい」というコマーシャルがあったが、バンカラというタームに込められているのは、そんな願いであろう。

しかもバンカラ凸之助は、成績不振とはいえ、大学出であることにも、注目しなければならない。つまりハイカラ／バンカラの対比は、大学出vs叩き上げといった階級対立ではなく、学歴エリート内の志向の差でしかなかったのである。彼の立場を現代風に解釈すると、東大を出てベンチャー企業（少し危ない商売）を興した青年実業家といったところだろうか。

バンカラ凸之助は、いわば学生文化における運動部的な価値観を代表していた。それではハイカラ凸吉は、反運動部ということで、文芸部的なるものの代表かというと、そう単純ではない。官吏となって威張り散らしているところからすると、むしろ弁論部的なるものの代表と見るべきだろう。

戦前の学生、いや戦後になっても大学紛争期までの学生は、大別すると、
1　運動部
2　弁論部
3　文芸部
的なるものの三タイプに分けられた。

弁論部的なるものは、一見すると文芸部的なるものと共に「知識系」と思われがちだが、当事者の意識としてはむしろ政治「運動」系であり、社会的な活動に積極的だった。弁論部的なるも

バンカラ志向の青少年雑誌「冒険世界」企画の〈大運動会〉。ここには自由民権運動時代の運動会（壮士のデモ、擬似武力活動）の思い出と、軍事教練のイメージが重なっている。

のは、運動部的なるものが「武士道精神」を遵奉して活動的なのと似ていて（日露戦争以後、日本の学生スポーツではしばしば「武道の精神」が強調された。今日の高校野球に顕著な求道的スポーツ精神は、これに由来している）、前近代の士大夫的価値観、言い換えれば思想的特権性への執着が強かった。そしてそれが、職業選択にも現れていたのである。

木村直恵《なおえ》氏は『〈青年〉の誕生』のなかで、明治中期に自由民権運動に参加した「壮士」と呼ばれた若者たち（弁論部的なるもの）が、運動会と称して武威的なデモを行っていた事実を指摘している。いわば明治後期の学生文化における運動部的なるものと弁論部的なるものは、この壮士文化からそれぞれに分化したといえるかもしれない。

それに対して学生文化における文芸部的なるものは、凹吉以上に個人的な、閉じられた幸福と生活の方向に向いていた。明治三十年代以降、広く使われるようになる「青年」という呼称は、従来の壮士や書生が備えていた野蛮なエネルギーを欠き、より省察的で内向的な存在、いわば文芸部的なるものであった。

ちなみに漱石『三四郎』は一九〇八年、森鷗外『青年』は一九一〇〜一二年の作品である。青年たちの豊かな消費生活は、一面で彼らの知的水準の向上と連動していた。だがそれ以上に、帝国主義的な経済構造への取り込みに由来していた。そしてそれは青年たちの非政治化（政治的な主体性の放棄）をも意味していた。

†エリートとしての戦前サラリーマン像

谷崎潤一郎の『痴人の愛』（一九二五）の主人公・譲治は、理科系の出身だが、文芸部的な非社会的生活のなかに、自ら閉じこもっている。彼は蔵前の高等工業（現・東京工業大学）の出身で、エリート・サラリーマンといっていい。この小説は譲治（作中ではジョージと表記されることもある）とナオミの不思議に都会的でデカダンな恋愛生活を描いているが、私が注目したいのは、主人公が自分の置かれている立場を、次のように紹介していることだ。

一人で下宿住居をしていて、百五十円の月給を貰っていたのですから、私の生活はかなり楽でした。それに私は、総領息子ではありましたけれども、郷里の方の親や兄弟へ仕送りをする義務はありませんでした。と云うのは、実家は相当に大きく農業を営んでいて、もう父親はいませんでしたが、年老いた母親と、忠実な叔父夫婦とが、万事を切り盛りしていてくれたので、私は全く自由な境涯にあったのです。

ここでは「親や兄弟に仕送りをしなくていい」ことが、特別に優遇された立場として強調されている。戦前の日本では、親の財産は原則として長男が相続したが、その代わり親の老後はもちろん、年下の兄弟姉妹が一人前になるまでの面倒もまた、長男が父親代わりとなって背負うのが、当然だったのである。パラサイト・シングルなど、とんでもない。自立はもちろん、当たり前のことなのだ。

これを読むと、先に取り上げた『それから』の代助の優雅な消費生活が、いかに例外的なものだったかが、改めて思い知らされる。『痴人の愛』も中流以上の生活を基調にしているが、それと比べても漱石作品は、特権的上層者の世界を描いていたのだった。

『痴人の愛』のジョージは、やがて瀟洒《しょうしゃ》な洋館、いわゆる文化住宅でナオミと二人だけの文化生活を営むようになる。それは親をあてにしない一方、親兄弟に責任を負わない、地縁血縁から切り離された生活だった。いかにも自由に見える二人の生活は、しかし自分たちふたりの殻の内に閉じこもった自閉的なものだった。夢見るような生活は、他者との関わりを排除している結界のなかだけでの出来事だった。そこには「仕事」の入り込む余地はなく、したがってジョージは次第に社会的に孤立していくことになる。

現代では家庭に仕事を持ち込まないのは当たり前になっているが、一昔前までは、「家」は生活の場であると同時に労働・生産の場でもあった。ジョージの郷里の実家も農家だというから、家は田畑の近くにあり、敷地内では鶏や牛を飼っていたかもしれない。母屋の土間では、農耕具の手入れも行われていただろう。都会の商家でも事情は同じで、店と家族の住まいはつながっているのがふつうだった。そして妻や子も、仕事の手伝いをするのが当たり前だった。ようするに非サラリーマン家庭では、妻は労働者であり、生産に関わるという意味で本当に「実利の妻」だったのである。

明治末期から大正期にかけて増大したサラリーマンが「エリート」視された理由は、彼らが高学歴だったという理由のほかに、その妻子が「仕事」をせずに完全な不労階級として存在し得たという事実があげられる。夫が裕福だから妻がはたらかないでいいのではなく、妻がはたらかないでいられるのだから、その夫はエリートなのだ。そういえば『痴人の愛』のナオミは圧倒的に「美しい妻」である。そしてその過剰な美しさが、彼らの生活を破綻へと導いてゆくのだが、それは劇的な展開ではなくて、むしろ価値観から来る必然の結末だったのだ。

もっとも、戦前の月給制ホワイトカラー労働者は限られていたから、実際にその給与水準も、零細自営業者や農家に比べて高かった。しかし学歴と学識以外に自己資本を持たないサラリーマンの幸福は、そう長くは続かなかった。第一次大戦の影響による好景気のあとは、関東大震災や不景気が続き、それがアメリカ発の大恐慌によって決定的となり、多くのサラリーマンはリストラとインフレに苦しんだ。そして日本が中国大陸で戦火を拡大してゆくにつれて、経済物資は統制され、言論の自由も物質的自由も、次第に失われてゆくのである。

ところで私は、太平洋戦争というのが、不思議でならない。それは、アジアの開放という理想を掲げながら実際には欧米の帝国主義を模倣した侵略戦争だったわけだが、知的エリートである官僚や軍人（軍首脳部にだって優秀な知的エリートは多かった）が、あの無謀な戦火拡大に走ったのはなぜなのか。自分たちが唱えた理想を本気で信じて、理性的な判断能力を失ってしまったのだろうか。

無謀な戦争が継続された理由は、軍人もまた帯剣した官僚であり、サラリーマンに過ぎなかったからではないか、と思うことがある。優秀な官僚である彼らは、予算取得や自分の部署の成績向上のために、都合のいい机上の空論や仮想の数量的予測を立てるのには長けている。そうやって戦争という「事業」が動き出してしまうと、いくら赤字になるのが眼に見えていても誰も責任をとらないから、どんどん広がってしまったのではあるまいか。
太平洋戦争とは、けっきょく無意味で無駄な公共事業だったのだ、と私は思う。

第六章

一億総サラリーマン社会としての戦後

†サラリーマンが憧れだった時代

いくら粉飾決算でごまかし続けても、無茶な事業は、いつか必ず破綻する。そして破綻を公けにする時期が遅れれば遅れるほど、負債の額は大きく膨らむ。太平洋戦争は、継続への意志ではなく終結への意志欠如によって負債が膨らんだ典型例だった。「敗けると分かりきった戦争」をやめられなかったのは、一部に熱狂的な推進者がいたからではなく、だれも「やめよう」と言い出せなかったからだと思う。けっきょく、あの悲劇を生んだ一番の原因は、日本的な「決められない」伝統にあった。

敗戦時、日本は連合軍総司令部の管理下におかれ、独立を失った。しかし国民にとってもっとも耐え難かったのは、直接的な飢えだった。

戦時体制下に布《し》かれた統制経済は、戦後も継続された。食糧事情は、戦争末期よりも戦後一、二年のほうが酷かった。戦争末期には本土空襲で都市ばかりでなく農村も大きな痛手を受けていたので、農産物の収穫量そのものが減っていた。そこに外地からの引揚者によって消費人口が膨らんだのだから、ますます食料難に拍車がかかった。

誰にしても戦後の生活で記憶につよいのは、とにかく腹が減っていたことである。しばらく飢餓の行進がつづいたのが戦後三、四年の間である。青空闇市をおとずれ、露店にならんだ軍の放出物資である衣料品、飲みもの、食べもの、これに餓鬼のようになって飛びついたのである。家畜の餌になるようなものを人間の食料に買いあさることもあった。買出し人と浮浪者の群れは、都会と田舎の間にあふれるようになった。実際、大人も子どもも、体力はとみに消耗し、栄養失調でそのまま死んでゆくものも少なくなかった。
（和歌森《わかもり》太郎編『流行世相近代史』）

食料の欠乏は深刻で、配給外の物資を購入することはヤミとして違法とされたが、実際にはヤミに手を出さなければ生きてはいけなかった。

戦後の「飢え」を実感するのは、われわれには難かしい。食うためにはたらくのが当たり前どころか、はたらいてもなお、食うのがやっとだった。被占領期の「朝日新聞」にはチャック・ヤングのマンガ「ブロンディ」が連載されていたが、そこにはすでに冷蔵庫も掃除機もあった。「サザエさん」の「朝日新聞」連載は一九四九年十二月の夕刊からスタートするが、初期の「サザエさん」には食糧難、ヤミ、どろぼうの話がとても多い。「ブロンディ」と比べれば、日本の貧しさは歴然としていた。いや、比べる余裕など、日本人にはなかった。その差はあまりに明らかだった。

こうした状況は徐々に収まっていったが、日本経済が復興する兆しを見せたのは、一九五〇年の朝鮮動乱を契機としてだった。アメリカ軍の軍需による特需景気が起こったのである。またこの年、占領軍金融顧問としてジョセフ・ドッジが来日し、復興のための財政経済政策を指導した。もっとも、経済が復興しはじめたとはいえ、この頃になってもまだようやく魚や衣料品の自由販売が認められた程度だった。これが今から五十年前の日本人の生活だったのである。

ところで大江健三郎は、『不満足』（一九六二）のなかで、高校を中退するとすぐにはたらき口を探してこれに飛びつく若者たちのすがたを描いている。そして、不良がかった若者である彼らが、すぐに仕事に就く背景として、次のような社会事情が書き込まれていた。

それより少し前に不意に校庭から消えた高校生がじつは人買いに誘拐されて朝鮮の戦場におくられたのだという暗い噂もあった。警察付属の軍隊は結局、朝鮮へおくられるだろう。それはマックアーサーがそう考えているのだ。応募者が少なければ、高校を退学になったり、進学も就職もしなかった連中が、強制的に徴兵されるのだという噂もあった。そもそも定時制高校を廃して生徒をそれにあてるという噂さえ流れた。

もちろん、これは噂に過ぎず、そもそもそんな噂があったのかどうかも不明だが、このような

「噂」を書き込んだ作品が違和感なく成立すること自体に、当時の日本人の勤労観がにじみ出ている。勉強も仕事もしていない若者は戦争に取られるという感覚は、戦前日本の制度（平時でも二十歳になると徴兵検査があった。ただし学生は兵役猶予）に由来しており、戦後になっても、そういう戦前的価値観がリアルなイメージとして残っていたのである。

一九五一年九月にサンフランシスコ講和会議が開かれ、日米安全保障条約の調印とともに、日本はようやく国家の独立を回復した。

それでもまだまだ日本は貧しかった。大局的に見れば日本経済は成長基調にあったが、細かな好況と不況が繰り返しおとずれ、企業倒産や労働争議が絶えなかった。飢えは乗り越えたものの、貧困とは縁の切れない生活をしていた当時の日本人にとって、サラリーマンは憧れの職業に映った。当時は月給制の社員はむしろ少なく、労働者のなかには日給制で勤めているものも多かったのである。労働争議の議題には、実質的には長期雇用でありながら、いつでも解雇できるようにと日雇扱いになっている労働者の待遇改善などが含まれていた。

それでも一九五五年の神武景気の頃には、テレビ・洗濯機・冷蔵庫が「三種の神器」と呼ばれ、こうした家電製品が庶民の憧れを誘うとともに、着実にその生活に浸透するようになった。この頃になると、食生活についての不満は少なくなり、ファッションやレジャーへの関心が高まりはじめた。

そして一九五九年の岩戸景気の時期には、好景気に支えられて大企業を中心にサラリーマンの給与所得が上昇。また企業の規模が拡大したことによって、サラリーマン人口そのものが増大していった。

源氏鶏太のサラリーマン小説や植木等とクレージーキャッツによるサラリーマン映画（無責任シリーズ）が流行したのも、この頃だった。ちなみに、無責任シリーズは名称こそ「無責任」だが、その実態は明らかにモーレツ社員であった。明るく、元気に、笑いながら、連日の徹夜は当たり前。出来もしない大仕事を請け負って、どうにかこうにか仕上げてしまうというその仕事ぶりは、とても『課長 島耕作』（弘兼憲史）の及ぶところではない。

何がすごいといって、あのはたらきぶりを「無責任」と形容してしまう程に、当時の日本のサラリーマンは無茶苦茶にはたらいていたのかと思うと、空恐ろしい。それに島耕作は仕事の内容、その「正しさ」について悩むことがあるが、無責任男は悩まない。ひたすら業績を上げることだけを考え続ける。時代はまもなく高度経済成長期にはいる。

†マイホームという未来拘束装置

戦後の貧困が、一番後まで尾を引いたのは「住宅問題」だった。

戦後日本の住宅政策は、一九四五年の応急簡易住宅建設にはじまる。戦時中にアメリカ軍は民間住宅地区へも繰り返し空襲を行っており、そのため焼け出されて住宅を失った人々が数多くいた。そうした人々が冬を越せるように、基礎も天井もないバラックでいいから、取りあえず三十万戸建設しようとしたのだった。だが、実際に建てられたのは四万三千戸に過ぎなかった。

戦後復興は、まず食糧事情の改善、衣料品の充実と進んだが、住宅まではすぐには手が回らなかった。「三種の神器」といった家電ブームや、自動車、オートバイの普及は、なかなか手の届かない快適な居住空間の代償物といえなくもなかった。

それがようやく一九六〇年代後半頃から、マイホーム・ブームがやってくる。

1955年以降、父親が仕事人間になって深夜まで残業しながら働き、一方専業主婦になった女性は、家事・育児全般をとりしきり、子供たちは親以上の学歴を求めて受験勉強に専念するという家族像が標準的なものになっていった。そしてその家族の勤労と勤勉の対価が郊外の持ち家であった。

もちろん、ただ住むだけならば借家でもいいはずだ。事実住宅公団は1955年以降70年代半ばまでずっと賃貸住宅を建設してきた。それなのに、なぜ持ち家なのだろうか。

檜谷美恵子によると、日本の戦後の持ち家志向は、まず1950年に設立された住宅金融公庫の融資制度、第二に企業が従業員のための福利厚生の一環として住宅取得制度を導入したことによると指摘している。

（三浦展《あつし》『「家族」と「幸福」の戦後史』）

銀行による住宅ローンも、一九七二年の規制緩和以降、一気に拡大した。それまで専《もっぱ》らアパートと呼ばれていた集合住宅がマンションと称せられ、賃貸ではなく分譲マンションが増えはじめるのも、この頃からだ。

当時、自宅は資産だと考えられた。あるいは今でも資産だと思っている人がいるかもしれない。たしかに家を他人に貸すなり売るなりしてお金を得ているなら、それは資産といえるだろう。しかし、自分が住んでいる「家」は、売却できるものではなく、もしこれを売却したら、その代わりの住まいを得るための支出を、すぐに必要とする。その意味で自宅は、大きな耐久消費財にすぎない。

それでも、会社の被雇用者であるサラリーマンは「一国一城の主」たるべく自宅購入に走った。持ち家政策は、都市サラリーマン層を保守化させるための深慮遠謀だったのではないか、と感じられる。戦争直後、先鋭的な改革勢力の地盤は、都市部ではなく農村にあった。生活苦に喘いでいた多くの小作農層が、その支持者だった。ところが農地改革によって、ただ同然で土地を手に入れると、小作農層は一気に保守化した。自前の土地や家を持つと、人間は保守化するのだ。

六〇年代後半の持ち家政策によって、土地や家、あるいはマンションを購入したサラリーマンもまた、保守化した。しかも、それは農地改革による土地取得とは異なり、購入者に大きな負担を強いた。持ち家を獲得するということは、多くのサラリーマンにとって長期のローンを抱え込むことと同義だった。

借金を背負ったサラリーマンは、辞めたくても会社を辞められない立場に追い込まれた。もちろん、ローンがなくても、仕事が好きなら会社に勤め続けるのに異存はないだろうが、それでも辞めたければ辞められる立場を保持しているのといないのとでは、心理的な自由度はまったく違うだろう。

さらに、こうして親が獲得した「家」のなかに、父親の居場所はなかった。物理的にはその狭さの故に。そして時間的には、忙しさのために。

家の中に閉じこもったのは、専業主婦でもなかった。大人のいない家のなかに取り残されたのは、子供たちだった。さらにその一部は、自分の個室に閉じこもった。その結果、オタクやパラサイト・シングルやフリーター、さらには病的な「引きこもり」などが、やがて「家」の問題となってくるのだった。八〇年代以降、自分の世界に閉じこもる子供たちが急増し、社会問題化するが、それは親が買った「家」という閉鎖空間があって、はじめて発現可能となる病理だった。

だが、これはもう少し後の話だ。

†学歴インフレと大学紛争

一九六五年頃から、大学紛争がはじまる。そのきっかけは、大学によって異なるが、学費値上げ反対や大人数でのマスプロ授業への反対運動としてはじまり、次第に政治的な要求（大学の内部問題を離れた政治的な主張）へと高まっていくのが常だった。

この背景には、団塊の世代と呼ばれる若者人口そのものの増加と、進学率の急激な向上があった。そのため、従来の大学定員枠では賄いきれず、文部省（当時）は緊急増員を認めた。だが、大学の施設建設や教員確保が追いつかず、結局、大教室に大人数を詰め込んだ授業が行われることになった。

当時の状況を竹内洋氏は、次のように要約・分析している。

昭和四十四年の大学進学率は四年制大学一五・四パーセント、短期大学六・三パーセントで、あわせて二一・七パーセントに達していた。大学生の数が増加し、大学生の地位自体も大幅に低下していたし、すでにみたように、大学生の卒業後の進路はそれまでの身分としてのサラリーマン（職員）ではなく大衆としてのサラリーマンになり果てていた。そんな大学生が、知識人とは何か、学問する者の使命と責任とは何かをつきつめようとしたことは、今となってみれば不思議なことである。（中略）あの執拗ともいえる徹底性はかれらのこうした不安とルサンチマン（怨念）抜きには理解しがたい。内面化した物語（教養知識人）と現実（ただのサラリーマン）の不整合から生じたアノミー（価値や欲求の不整合状態）だった。

（竹内洋『日本の近代12 学歴貴族の栄光と挫折』）

竹内氏は大学紛争を、自分が憧れの夏目漱石や彼の小説に登場する「大学生」「学士」のような学歴貴族にはなれないことに気づいたマスプロ教育時代の「大学生」が、可愛さ余って憎さ百倍の「絶望的求愛」の果てにたどりついた「学歴貴族へのテロル」だったと指摘する。

とはいえ、当時の若者が公然と掲げた要求は「自分を学歴エリートとして扱ってくれ」というものではなく、「大学粉砕」であり「帝国主義打倒」だった。彼らは大企業のエゴや政府の犯罪行為を批判し、資本主義体制打倒をスローガンに掲げた。

だが、不思議なことに当時の学生は、学校を卒業すると平気で企業や官公庁に就職していった。なかには学生時代の政治活動が仇《あだ》となって、就職できない者もいた。大企業は興信所を雇って入社希望者の政治活動歴を探り、内定が取り消しになった、などという話が、よく聞かれた。若者はそうした企業の姿勢を卑怯で陰湿だと非難した。だが、「活動家」が卒業後は大企業に就職を希望したというのも、卑怯にも陰惨にも思える。

ようするに六〇年代後半には、まだまだはたらくことの自明性は、だれにとっても明らかだったのだ。当時はやったマンガを読むと、それがよく分かる。『あしたのジョー』の矢吹ジョーも力石徹も、〈反抗者〉〈闘う男〉である以上に、仕事熱心なワーカーホリックだった。『巨人の星』の星飛雄馬に至っては、父の「職」を継ぐべく、子供の頃から一筋に努力を重ねる。そして彼は、眼から炎が出るほどに仕事に燃えるのである。

†若者の政治離れと新たな世代対立

まだ大学紛争の余韻が色濃かった七〇年に、大阪万博が開かれた。それは大衆消費文化、サブカルチャー時代の幕開けを宣言する出来事だった。

労使関係も変化した。もともと日本の法律では、正規雇用であっても、はたらく側に退職の自由があるのと同様、使用者側にも解雇の権利がないわけではなかった。いわゆる正社員といえども、企業と終身雇用保証契約を結んでいるわけではない。ただこの頃は「期間を定めない雇用関係」が、定年まで持続されるケースが多くなった。

しかも一九七〇年代以降の労働争議や法廷闘争をとおして、解雇の権利を制限する方向での判例が積み重ねられ、社会通念が形成されていった。たとえば企業が指名解雇を行う場合、余剰人員が企業経営を圧迫しているのか、解雇を回避するための企業努力がなされたか、人選は合理的で公正なものか、解雇に至る手続きが正当であるかといった、細かい点について、各種の判例によって、厳格に正社員の既得権が保護されるようになった。日本社会は確実に豊かになっていた。ことにサラリーマンや公務員の生活はかつてないほど高水準で安定化した。終身雇用と年功序列による給料アップを疑う者はいなかった。

全共闘の敗北は、過激な行動に走ったことと、卓上の理論に固執して社会の実情から遊離してしまった結果だった。七二年のあさま山荘事件とリンチ殺人露見で、政治の季節の終焉は決定的となった。それは戦後日本のヤングカルチャーの転換点でもあった。

六〇年代の高度成長は、戦後の混乱が収束した後も、なお残っていた「貧しさ」を克服するためという目標意識が、わりと明確だった。これに対して七〇年代の経済成長は、田中角栄首相の日本列島改造論に象徴されるが、不動産バブル的要素がすでに色濃かった。日本の自動車生産台数がアメリカを抜いて世界第一位になったのは一九八〇年だったが、エコノミックアニマルと呼ばれた日本人の仕事離れは、実はこの頃から既にはじまっていた。実体経済ではなく、金融資本による投機が経済成長の主体となる時代には、経済は成長しても生産は相対的に縮小してゆく。

一億総中流といわれる安定した社会は、いわばすべての日本人が何らかの利権を、既得権として囲いこむことで達成されたものだった。

行政指導や指導の網は、既成の業界を保護するはたらきをし、大規模店舗の出店や異業種参入や外国資本の上陸を抑制するために機能した。そうした企業に勤めている労働者もまた、企業既得権の間接的な受益者だった。そうした安定があればこそ、日本企業は終身雇用制度を打ち出せた。そして終身雇用はあたかも会社員の既得権のように受けとめられた。

とびぬけた才能と努力によって、とてつもない成功を手にする天才の物語（革命の話でもある）は、マンガのなかからさえ消えつつあった。『巨人の星』は一九七一年に終わり、『あしたのジョー』の力石徹が死んで、学生たちが告別式をしたのは一九七〇年のことだった。

かわって登場するのは『ドラえもん』（一九七〇〜）の時代だった。ドラえもんは、ダメな先祖であるのび太をなんとかしようと、未来の子孫が送ってくれた猫型ロボットだが、そこに示されているのび太の〝未来〟は、今読むと、あまりにデフレ不況下の現代青年像を言い当てていて、空恐ろしい。のび太は七九年に大学受験に失敗し、八八年には就職ができず、仕方ないので自分で会社をはじめるのだが、上手くいかずに九五年には会社がつぶれて、借金取りに追いまわされるというのだ。

ドラえもんは、そんなのび太を「ふつう」にするために、未来から送られた〝既得権〟だ。

だが、こうした過保護な既得権の故に、人材の流動化がスムーズにいかなくなり、新規雇用が生まれず、不本意ながらフリーターにならざるを得ない若者が増えるという、現代の問題が発生した。既得権重視の姿勢は、本来の意味での人材の適正配置を疎外し、社会全体が停滞するという事態をも引き起こしたのだ。

この既得権重視は、とくに自由競争の原理がはたらかない官公庁で顕著だといわれている。それでも社会全体が拡大基調にあるときはまだいいが、組織の縮小が求められると、民間企業のようにリストラができない分、新規採用枠が削られることになる。山田昌弘氏は「現代日本の就業環境は、努力しても、しなくても報われている中高年男性と、努力しても報われる見込みのない若者が併存している状態」と指摘する。

大した努力もせずに就職した中高年男性が威張っていて、これから就職しようとする若者は、能力がなかなか評価されず門前払いされる。現在いる社員(公務員、教員も同じ)と比較して能力が低いなら、納得もできよう。しかし、現実はそうではない。

小学校に教育実習の学生を連れて行った時、ある校長先生が、「本当に今の教育実習生は優秀だ、今すぐにでも実習生と取り替えたいと思う教員が一人いますよ」と小声で言っていたのを思い出す。しかし、実習生は教員採用試験に合格せず、問題教員は学校に居座り続けている。

(「フリーター二百万人に明日はないさ」、「文藝春秋」二〇〇一年七月号)

こうしてみると、現代の日本社会における労働対立は、労使間にではなく、既得権層と新規参入希望層のあいだにあるといえそうだ。この場合の「既得権層」とは、政官財の癒着関係だけでなく、労働組合に守られた労働貴族層も含まれる。既得権にあぐらをかいた労働者は、不当な利益を貪っているアンシャンレジュームであると、若者たちの眼には映るのだろう。

思えば、チーマーなどの若者による「おやじ狩り」は、もちろんそれ自体許すべからざる犯罪だが、彼らの無意識のなかには、一種の階級闘争テロリズムとしての意味があったのかもしれない。だが、パラサイト・シングルもまた、親の保護を既得権とみなして、いつまでもそれに甘える受益者である。

こういう社会が衰退しないわけがない。

†オタクの誕生

その後の日本では、文化の面でも創造性・生産性の後退が顕著なように思う。若者文化の世界では、サブカルチャーが市民権を得ていく一方、七〇年代半ば以降、興味の中心は「情報」にシフトしつつあった。

情報雑誌「ぴあ」が創刊されたのは一九七二年のことだった。細川周平氏は「カタログ文化のなかの音楽」(「中央公論」一九八一年八月号)のなかで、「ぴあ」の読者はその情報を行動のための素材として扱うのではなく、「自ら街に出るのではなく、街を部屋に連れ込み、懐柔しようとする」存在だと指摘した。若者が情報を活用して何かを現実に体験するのではなく、情報による架空の経験にこそリアリティを感じる時代がはじまったのだった。

当時、「ぴあ」を片手にキャンパスを歩く若者は、自分をネアカだと思っており、オタク的な暗さを軽蔑していたかもしれない。だが、両者は同じ時代性の枠内にすっぽりと収まっていた。両者はその精神の自閉性において共通していた。一方、オタクは自分の趣味の世界のなかに深く埋没する存在だと思われているが、彼らが偏愛する対象は、その若者が少・青年期に出会った事物であり、その意味できわめて時代の流行に敏感な存在でもあった。

「おたく」たちが没頭する対象としてよく例に挙がるジャンル——アニメ、SF、特撮、少女マンガ、アイドルなどが、若者たちのサブカルチャーとしてマスメディアによっていつのまにか公認されていったのがこの時期である。（中略）

とくにアニメの場合には、週刊誌レベルの取り上げ方に、勃興しつつある若者文化を、なんとか受け止めようとして、見事にすれちがっている大人文化側のぶれが顕著に見られて興味深い。

（浅羽通明「高度消費社会に浮遊する天使たち」、「別冊宝島一〇四　おたくの本」一九八九年）

また浅羽氏は、作家や作中人物のファンクラブを作って情報を交換しあう若者についても言及している。このファンクラブ現象は、大人文化の知らないところでサブカルチャーが浸透と拡散を強めていた結果だが、同時にそれは作家と読者のボーダレス化を準備していたように思う。とくにSF界では作家とファンの連絡が緊密で、筒井康隆氏は商業誌でのエッセイなどでもしばしば自分のファンクラブ会員の個人名を明記して登場させたりした。

といっても、筒井康隆のファンなら、誰でも筒井康隆になれるというわけでは、もちろんない。ただ、肥大する自意識のなかで、若者は自己が偏愛する「文化」のストーカーと化し、対象と自己の同一化をはかる傾向があった。

誰でも覚えがあるだろう。小説を読んでいるうちに、自分でも書けそうな気がしてくることに。今や純文学雑誌は、発行部数よりも新人賞の応募件数が多いという冗談さえある。誰も読まないのにみんなが書きたいという気になっているのである。そんな状況下では、新人賞を獲っても誰も読んでくれないということになってしまう。実際、今時の新人賞はすごいことになっている。既にデビューしている「新人」が、また新人賞を獲るケースがふえている。というのも、伝統ある大出版社の新人賞を受けても、それだけではなかなか作家としてのポジションが定まらなくなってきており、そのため実力のある「新人」はA新人賞（短篇）を獲ったあと、B文学賞（長篇、時代小説）を獲り、さらにＣ文学賞（長篇、ミステリ）を……という具合に、いくつかの賞を獲って、ようやく読者に名前を覚えてもらえるといった状況が生まれつつある。今に、一度しか新人賞を獲らないのは、職業作家のなすことではなく高等遊民の所業といわれかねない。

「高等遊民」のモデルは英国のジェントリーだと前章で述べた。しかし、この名称の背後には、日本の前近代に多くいた「遊民」と呼ばれる人々の存在があった。「高等遊民」とは、「知的」な「遊民」の意だが、「遊民」はただ遊んでいる人である。泰平が続いた江戸期には、仕事にあぶれる人間が多くおり（役に付けない御家人旗本から無宿人まで）、その日暮らしの遊民として市井を彷徨《さまよ》っていた。これがちょっと金でもあれば「若旦那」風だが、本当の教養を身に付けられない連中は、所詮は半可通であって粋ではない。明治の高等遊民が、本当の教養人なのか教養人ぶった半可通なのかは不明だが、オタクには遊民的半可通との共通項が多く見られる。オタクが好むアニメや特撮やアイドルは、伝統的な教養人から見ればくだらないものに見えるだろう。

ところでこの「下らない」ことそのものが江戸文化的なのである。「下らない」とは京・大阪という伝統文化の中心地からの「下りもの」に対して、江戸出来の粗悪品の意味だった。だが、そういう「下らない」ものをしゃれて楽しむのが江戸後期の町人文化の特徴なのだ。それはちょうど、七〇年代の若者文化のなかで、サブカルチャーがカルチャーを圧倒し、やがて続く世代が権威的なカルチャーそのものを知らないままにオタク化していったのと、よく似ている。

七〇年代半ば以降の既得権社会は、ちょうど江戸時代のように非流動社会となりつつあった。当時しきりにいわれた「昭和元禄」というネーミングは、平和で景気のいい社会という意味からの命名だったが、それは江戸的な閉塞状況の出現を予言するものでもあった。

私は八〇年代以降の若者文化は、きわめて江戸的な展開を示してきたと見ている。つまりそれは鎖国的な他者喪失のもとでの、細部の豊かな洗練であり、巧みなリメイクと引用という「本歌取り」の遊びであり、オタク文化はその窮極の姿だった。

オタク文化の黎明期には、学校という場も大きな転換期を迎えようとしていた。偏差値による生徒や学校の序列化が進む一方、登校拒否や校内暴力、あるいは家庭内暴力といった社会病理がマス・メディアで話題となったのもこの頃だった。

あの頃、学校に吹き荒れていたのは、知識への敬意を追放する嵐だった、と私は思う。偏差値教育と校内暴力は、それぞれ効率主義と暴力によって、「本当の教養」の無力さを見せつけた。そして若者の知識欲は、歪んだ形でしか表現されない時代がやってきたのだ。

†二つの視野狭窄を来す現代社会

世間にオタクが広く知られるようになったのは、ある犯罪事件によってだった。

連続幼女誘拐殺人事件の犯人として、一九八九年に宮崎勤容疑者が逮捕されると、まもなくマスコミは宮崎の自宅に殺到し、彼が引きこもっていた個室の映像を放送した。そして彼の部屋にはビデオが三千本あったとか、ロリコン雑誌が散乱していたとかいう情報が、映像につけられたキャプションやキャスターのコメントで広められた。こうして宮崎容疑者はオタク青年の典型であるかのように報じられ、彼がコレクションしていたというロリコン雑誌やホラービデオへの批判が高まった。こうした報道に誘導される形で、世論はそれらを法的に規制すべきだという方向へと動いていった。

その一方、オタク文化のエリートを以て自任していた人々からはオタク擁護論が聞かれた。宮崎を指して「あの程度のコレクションでは、とてもオタクとはいえない」とか「宮崎は本当のオタクではない」、果ては「そもそも彼の部屋にあったのは、人妻モノや女子大生モノのエロ本で、ロリコンものは少ない」などという実に細かい指摘まで現れて、オタク側からの宮崎切り捨て現象も起きた。

私は別段、ロリコンにもホラービデオにも興味がなかったので、何が規制されようと個人的には関係ないといえば関係なかったのだが、世間の動向には理不尽なものを感じた。そもそも宮崎勤という人物がオタクだったとして、彼のような人間が犯罪行為に走るのを事前に防止しようと真剣に考えるなら、ホラービデオを規制する前に、規制すべきものがあるはずだった。

こうした事件の再発防止に、もっと有効な秘策。それは「行為」への妄想を培った「場」、それ以上に直接的に犯行を可能にした「凶器」を禁ずることだ。その「場」とは個室であり、「凶器」とは自動車である。ことに自動車を禁止すれば、ああいう犯罪は起こせなくなる。いや、起こせるかもしれないが、自動車を使えるのに比べたら、ずっと骨が折れる困難な行為となるだろう。少なくとも連続して犯行を行うのは防げた筈だ。

宮崎は自動車にひそんで被害者を物色し、自動車に連れ込んで誘拐、さらに被害者の遺体を発見され難い場所に運ぶのにも自動車を用いている。宮崎は個室で妄想し、自動車を用いて実行したのだ。

子供が閉じこもる個室については、オタクや引きこもりといった社会問題に関連して、その後、幾度か問題になった。だが、なぜか自動車についてはその使用を禁止しようという話題は、ぜんぜん出なかった。それは突飛というより、実現不可能な奇想、奇想というより妄想と思われるかもしれない。だが、ホラービデオの規制よりも、自動車規制はずっと各種の犯罪防止に成果が上がるはずだ。それに交通事故もなくなるのだから、人命尊重の観点からの効果はぜったいに高い。ただ、犯罪が減るだけでなく、日常生活も停滞してしまうために、世間一般の人々はそんな考えを話題にはしないのである。するとこういうことになる。われわれの社会は二、三人の人命よりは、多数者の利便性を優先しているのだ。

話題にならなかったといえば、なぜか宮崎勤とファウルズの小説『コレクター』の類似性は、あまり話題にならなかった。だが、この二つの「事件」は驚くほどよく似ている。『コレクター』の主人公は、さえない男で、蝶のコレクターだった。ところがあるとき、思わぬ大金が転がり込む。すると彼は、仕事を辞めて家と車を購入する。そして憧れの女性を誘拐して自宅に監禁し、コレクションしようとするのである。しかし、上手くいかずに彼女を殺してしまう。

この小説でも問題になるのは、彼が本物のコレクターではないことと、自動車と家（個室）の獲得が、犯行を実現する手段となったことだ。彼がもし正真正銘の蝶のコレクターなら、車を買ったりせずに、南米とかボルネオとか、憧れの珍しい蝶のいる土地に出かけていって、虫取り網を振り回すはずだ。それがコレクターにとっての当然の優先順位である。

ところが主人公は、蝶よりも自動車を優先した。ようするに彼は「ふつうの男」だったのだ。だから蝶ではなく、女性を追いかけるようになったのである。ただし、彼は「女性の正しいつかまえ方」を知らなかったので、罪を犯してしまった。そして「ふつうの男」に犯罪を実現させたのは車と家の獲得という現実だった。

さて、この「コレクター」の犯行を抑止するために有効なのは、蝶の規制だろうか、それとも自動車の規制だろうか。答えは明白だと私は思う。

ながながと宮崎事件について述べたが、ここで私が言いたいのは、「犯罪防止のために自動車を禁止せよ」というプロパガンダではない。ホラービデオを見ていた（しかしたぶん他に恋愛ドラマもクイズ番組も歌謡番組もニュースも見ていただろう）男性が、自動車を使って犯罪を行ったという事実を受けて、「ホラービデオを規制せよ」とだけいって、「自動車を規制せよ」という方向には向かわない世論の「偏向」であり、そうした偏向を持っている社会のなかにわれわれは生きているという事実を見落とすことの危険性である。そしてこの手の偏向の危険は、フリーターを論ずる場合にも、無意識にあらわれていることだと思う。社会ではしばしば当事者ではなく、社会の多数者の側から、ものごとが考えられるからだ。

大衆社会では、ことの本質よりも、社会全体の取りあえずの利便性が優先される。均質を以ってよしとする感覚は、何も支配者にとってだけ便利なのではない。

思うに現代社会に生きる人間は、二重の方向からの視野狭窄を来している。一方は個人的な嗜好による視界の狭まりであり、もうひとつは最大公約数という不在の人間しか見ようとしない社会の狭い視界である。

†情報化社会と知識離れ

これからの世の中は、若者にとって、生きやすくなってゆくだろうか。それとも生き難い方向にゆくのだろうか。

この数年間の社会状況の変化として何より大きなものはインターネットの普及だろう。それは単なる通信手段ではなく、われわれのライフスタイルや社会環境、さらには意識までも変えつつあるように思う。

そもそもITの導入は、経費節減のためにすすめられている。高価な設備を導入して、なぜ経費節減になるかというと、無駄な人材を減らせるからである。コスト計算や在庫管理などはIT導入で格段にスリム化された。流通の効率化というのも、効率的な情報管理の先にあるところのリストラ、つまり「無駄な」従業員を減らすことで達成される。営業職もまた同様で、ネット上で検索すれば同一商品をもっとも安く販売している店が一目瞭然に分かるので、従来のような漠然とした「長いつき合い」や「事後サービス」、あるいは接待で仕事を取ることが難しくなった。こうしてIT社会では労働需要は減少することになる。昔から人間は、「人間がはたらかなくても機械がなんでもやってくれる未来社会」を夢見てきたが、そうなると給料が貰えない人間が増えるというところまでは思い及ばなかった。

就職求人情報に関わる部分だけを見ても、現在では多くの企業がネット上に掲示するようになった。一見すると、これは求職者にとっても情報が得やすくなっていいことのように思われる。だが、ネット上での求人とメールによる応募によって、採用試験以前に受験させてもらえないというケースが増えてきている。会社側では、こうした応募方法を人事採用にかかるコストの削減のために導入しているので、応募者のデータによる絞り込みは、以前のように直接会社訪問をして受験を取り付ける場合よりも、シビアになっている。求人情報の年齢制限に加えて、履歴書を送信すればすぐに分かってしまう職歴への評価によって、フリーターからの中途採用応募は、筆記試験に応じてもらうことさえもかなり厳しいのが実情だ。

そして、それ以上に本質的な変化として、われわれの意識自体の変化がある。ネット社会は世界をつなぐが、それは人間の多様性を認める方向にはたらいているのかどうか、逆に自閉的な価値観の収斂の方向に向かっているのではないか。この点については、正直なところ私にもよく分からない。

ネットが便利であり、それまでつながりようのなかった見ず知らずの、遥かに遠い場所に住む人種も性別も価値観も異なる人々が出会い、意見を交換し、新たな自分を発見する場となり得ることは事実だと思う。だが巷間《こうかん》いわれているように、それがそれほどに「開かれた」ものであるかどうかは、いささか疑問だ。

私自身は、一度はネットに手を出したが、今は思うところあってやめている。それは結局、インターネットによって自分が消費する時間が多くなってしまったことへの危惧、そして自分が、あまりに自分と意見を共にする人々との交信や好みのウェブサイトへのアクセス（そのなかには海外の古本屋への二十四時間アクセスもあり、正直いって私は一度、破産しかけた）による自分の偏向強化に恐れおののいたからだった。

私の事例は例外なのかもしれないが、私の印象ではインターネットによって世界は広がったというより、「百人の村」化している。私は明治・大正期の忘れられた作家が好きなのだが、そうした作家を研究対象にしている人間は非常に少ない。高校時代には、そういう作家の本を探してきても話す友人がいなかった。私が現在、文章を書くようになったそもそものきっかけは、そうした忘れられた作家を再評価して欲しかったからだ。だが労多くて変人扱いされるだけの仕事なんて、誰もやらない。他の人がしないのなら、自分がやるしかなかった。しかし今では、ネット上ではかなりマイナーな作家についてのファンも、ホームページを開いていたりする。ことに海外では、実に詳細な著作リストを作っているファンがいて、そういう人たちとの情報交換が容易になったことは、何とも喜ばしかった。とはいえ、それは本当に世界が広がったことになるのかどうか。

ネットに向かいながら、私は自分と同じ好み、同じ価値観、同じ思考回路を持った人々とのみ交信し、異なる価値観を持った人々と苦労してコミュニケーションを持つことを一切しなくなってしまっている自分に気がついた。そこには世界中に散らばっている同じ好みを共有する仲間がいるのだが、それはようするに小さな村なのであり、村の掟を尊重する架空の共同体なのである。しかしこの村は、容易には別の村とつながらないし、村人は村のなかに仲間がいるから、あえてよそ者と交信する必要性を感じない。

昔は、話の合う友人をなかなか見つけられなくて苦労したが、思えば価値観のずれた同士でなんとか会話を成立させようと努力していたことが、私が曲がりなりにも文章を書くためには役に立ったのだと、今にして思う。

ネットは孤独な人間の救いにはなるかもしれない。だが、かえって自分の価値観のなかへ引きこもるのを助長する要素もあるのかもしれない。

村上龍は『憂鬱な希望としてのインターネット』(一九九八)のなかで、興味深い発言をしている。

いまインターネットで面白いのは掲示板です。そこで気づいたことは、人を中傷したり無分別な行為に走る人は無視されてしまうということなんです。良識と悪意がインターネット上でせめぎ合ったときに、自浄性がうまく働くんです。(中略)
日本のような均一的な共同体の中ではという前提付きですが、ネットでは本当に奇妙な自浄作用が働くんですよ。こういうことをやることは人間として恥ずかしいことだとか、他人の意見をもっと公平に聞くべきだとか、人から批判されることに馴致すべきだとか、フェアな論理が存在しているんですね。ネットには醜いものを駆逐していくような作用がありますすね。

この見解は、当時まだ社会全体に漠然と漂っていたネットに対する不安感を和らげたいという意図があってのものかとも思われる。私には、本当に掲示板にそういう自浄作用があるのかどうかは分からない。だが、そういう自浄作用があるとすれば、むしろそれこそはネット機構における日本的閉鎖社会の再生産だと思うばかりだ。

日本的閉鎖社会は、異質なものを排除する。「醜いもの」を正面から糺《ただ》すのではなく、無視によって排除するというのは、閉鎖的であり、「いじめ」に似ている。中傷や無分別な行為（ネット上のものなら行動ではなく言動）は、もちろん許されるべきではないが、そうした行為に走る人間に、なぜそう思うのか、そう思う自分のなかにある本当の問題は何であるのかを自覚できる方向に、掲示板の議論が進んでくれたら、無視するよりもずっといいと思う。

さらにネット社会がもたらした意外な効果に知識軽視がある。以前は、何に関する知識であれ、知識を持っていることは、純粋に尊敬の対象だったように思う。とくに少年たちのあいだでは、その傾向が顕著だった。学校の成績や教養というレベルではなく、単に鉄道に詳しいとか、スポーツ選手に詳しいとか、ウルトラマンシリーズに詳しいとかでも、尊敬とはいかなくても一定の個性として承認されたものだった（そして少年はオタクになっていった）。しかしインターネットが普及し、情報の取得が容易になるにしたがって、知識そのものの価値評価は、確実に低下した。

以前は専門的な情報を調べるというのは、それ自体、ある程度の知識を必要とした。だが現在では、ネットで検索すればあらゆる情報が容易に手にはいるようになった。それにつれて情報は知識ではないという単純な原則さえもが見えなくなったのである。試験の前にノートのコピーばかりあつめて、安心しているようなものだ。

†「私」がどんどん希薄になる

調べる作業が容易になった分、知識は記憶するのではなく、すぐ他人に聞くなり検索すればいいという風潮が強まった。他人によって処理された情報を得ることは、自分で考える要素を少なくする。それと気付かずに他人の解釈に従属してしまっていることでもある。それはつまり「私」を希薄化させるという副作用があるのではないか。

東浩紀《あずまひろき》氏によれば、一九九五年以降、オタクにとっても「大きな物語」はさほど熱心に語られることはなくなったという。現在のオタク系を含む若者の楽しみ方は「データベース消費」とでもいうべきもので、こうした傾向は一部のオタクに限られたものではなく「社会的変化をもっとも敏感に反映した」結果であるとも指摘している（『網状言論F改』二〇〇三）。

かつてオタクはモノに執着し、あるジャンルなり作品なりを総体として把握しようとし、さらにはそれを足場にして自分なりの世界観を構築する作業に熱中した。たとえば特撮マニアなら知らない人はいないであろう竹内博氏は、ゴジラの原作者である香山滋の全作品（全掲載誌）をコレクションしたのはもちろん、香山滋に関する記事がでている雑誌もすべて集めようとし、怪獣映画が封切られるときには、その前の週に予告編を見るために映画館に出かけたという（私は以前「香山滋先生が膝に乗せて原稿を書いたことがある板」なるものを、竹内さんに見せてもらったことがある）。

こうした「大きな物語」あるいは全体としての物語に対して、「データベース消費」というのは、検索できるキーワードのように細分化された断片である。そこでは作品も、作中人物も細分化される。たとえばキャラクターは年齢、性別、人種、身長、体重からはじまって、服装、髪型、髪の色、携帯アイテムといった細部は記号化されデータ化される。「キャラ萌え」といわれる現象は、キャラクターを全体として受け入れるのではなく、その断片を自己同一化する楽しみ方であるようだ。

同じように「物語」に埋没するのであっても、IT以前と以降では、総体として受け入れるか、細分化して消費するかという決定的な違いが生じた。生活や職業を考える必要のない時期に、若者の認識経路は感情的な物語を解体し、純粋なデータ＝情報として享受することに慣れてしまったのである。

これは別に昔のオタクが優秀で今の若者がそうではないということではない。彼ら自身のITとの接続と、IT化による社会環境の変化によって、オタクは「大きな物語」獲得への外圧を受けなくなったのである。昔、オタクが圧倒的少数者だった頃は、そのような生き方は社会から許容され難かった。彼らは自分を支えるために、自分が好きなモノなり物語なりを使って、自分なりの世界観（たとえどんなささやかなものであっても）を作らなければならなかった。そうしなければ初期のオタクは存在できなかったのである。これをゲームにたとえるならば、初期オタクはゲームマスターになるしかなかった。これに対してオタクが量的に拡大したことで消費者として社会から受容されるようになり、さらにITによって好みを共有する者同士がつながりやすくなったために、わざわざ世界観を構築しなくても、仮想世界のなかで、ゲームのプレーヤーのように、あるいは仮想のキャラクターのように存在することが出来るようになった。

もっとも、オタクもポスト・オタクも、社会的には消費者として生きやすくなっただけで、生産者としてどうかというのは、また別の話である。

唐突なことを言うようだが、現在、若者をかこむ知的環境や認識体系で起きている変動は、近代的な「言文一致」の終焉現象ではないか、と私は感じている。

周知のように言文一致は、明治期に、それまで一般的だった文語文による記述をやめ、口語体で記述するようにしようという運動のことだった。当初は、鎖国で立ち後れた科学知識を西洋から大量に移入し、しかも広く普及させるために「誰でも読める簡単な文」を目指しての運動だったが、やがて文学上の運動となってゆく。それは言文一致運動が、単に表記の運動ではなく、思考・思想の問題として展開したということでもある。

近代日本の作家や思想家が言文一致運動に向かったのは、「言」すなわち話し言葉は、日常世界のものであり、「ありのままの自分」「私的なるもの」を表すと考えたからだ。これに対して「文」すなわち書き言葉（漢文・文語文）が表すのは、理想・様式の世界のものであり、これによって表現されるのは「あるべき自分」「公的なるもの」である。

言文一致運動は、あるがままの自分を包み隠さずに表現しようという写生文や写実主義と連動していった。だが、話し言葉に近い文章で書かれた文学作品であっても、多くは本当の自分をさらけだすものとはならず、「あるべき自分（架空の自分）」を、恰《あたか》もあるがままの自分であるかのように表現する病理へと転化していった。これは単に文学作品や作家の問題ではなく、「私探し」をし、「夢を追う」あらゆる現代人の問題であった。

明治には一部トップエリートの問題だったものが、今はすべての現代人の問題となっている。そして相変わらず、答えは出ていない。

前章で専ら夏目漱石を引いたのは、漱石が内実としての「言」と「文」を最も一致させた作家だったからだ。厭なものを厭だといい、好きなことをやり続けたいという当たり前の欲望を実行するためには、漱石並みの能力と努力が必要ということでもある。

一方、森鷗外は「言文分離」の人間だったと私は思っている。鷗外は軍医総監にまで登り詰めた軍医で、その後は宮中図書頭も務めたが、彼は公務に就いている時間は、実に謹厳に勤めに励んだ。ある下仕官の回想によると、私邸を訪ねると、短歌をはじめたばかりのその男に友人のように気さくに接してくれたが、勤務中には挨拶をしてもロクにそちらに目も向けないような態度だったという。これは一見すると、第二章で紹介した紀田順一郎氏の上司のような傲慢さと思われるかもしれないが、それは違う。件の上司は、公私混同していつも威張っていたが、鷗外は公私の別に厳格だった。

ようするに鷗外は、役職にあるときには、その役目にふさわしくあることに徹したのであり、仕事中にまで「私」でいようとはしなかった。組織の一員という「役目」を持ちながら、勤務を離れたときには「私」を断固として守ろうとした。そういう生き方を自覚的に選んだ。

一昔前に流行った「私探し」「本当の自分探し」というのは、実に奇妙な言葉で、本当の自分なんて、今ここにいる自分以外にないのである。それは探すのではなくて「認める」か、それが厭なら何とかして作らなければ、どうしようもない。

「私」を守り、体現するために、漱石は常に「私」であろうとした。これに対して「一生を以て二生を生きるが如し」と称された鷗外は、言文分離的に「公」の場での自分と「私」である自分を分離しながらしっかりと把握しようとした。本当は組織のなかで生きる人間は、こうでなければならないと思う。だから鷗外は高級官僚や財閥企業のエリートといった「戦前の山の手階級のアイドル」(三島由紀夫)だったわけだが、フリーで生きようという人間にとっては、直接には参考にならないのである。戦前社会では専ら鷗外型がエリートの理想だったが、戦後は漱石人気のほうが圧倒的なのは、こういう生き方をしたいという傾向が強まったからだ、と私は思っている。つまり、ここにあるのも、質の良し悪しではなく、ニーズの問題なのだ。

しかし、現在進んでいる「言文一致の崩壊」とは、「言(現実の自分)」と「文(あるべき自分、役目としての自分)」の差異を自覚して分離を図るものではない。それはいわば架空の「私」の現実の「私」化、本当の自分は、自分が夢見ている「私探し」の対象としての「私」ではないという自明のことが欠落した結果としての現象である。

†「ゆとり教育」の閉塞感

IT社会への危惧として、仮想現実と現実の区別がつかなくなるという説が、よく聞かれた。しかし人間の他者や周囲に対する認知能力はそれ程低くはないと思う。それよりも遥かに本質的で危険なのは、自分と仮想自分の混同である。

従来、そうした混同を回避し、常に自分を等身大の自分として把握するために必要なのが「知識」であり「経験」だとされてきた。しかしネット内空間という自分の「演技」が許容される(見抜かれにくい)空間の広がり、人間関係の希薄化による他者からの批判の減少(本当は減少したのではなく、ただ自分の耳に入らなくなっただけかもしれない)に加え、教育環境の大きな変化も、心配なところだ。

知識に価値があったのは、その知識を得る過程で、その人が自ら思考し、経験し、苦悩したからだった。知識を集めるということ自体が修練であり私的経験となり得た時代には、「探す」ことにも大きな意味があった。いわば知識や教養は、一種のスキルであり、それが直接的には役立たないものであっても、そういうものを身につけていることによって、ある種の人格が形成され、未知の事態に対する対応能力が培われるものと思われていた。

江戸時代の日本で四書五経を誦《そら》んずること、あるいはヴィクトリア朝英国でラテン語に堪能なことが立派だとされていたからといって、それが当時、具体的に有用だったわけがない。にもかかわらず、そうした教養が重んじられたのは、それらを身につけた人間は、その知識のほかに、その知識を身につけるにふさわしい生活経験をしてきたであろうという社会的信用があってのことだった。私には、こうした無用の知識(高等遊民の知識は皆「無用」のものだ)、あるいは丸暗記的な知識の軽視は、知識偏重の是正ではなく、そうした方法での自己形成を軽んずる方向でしか作用しないように危惧される。

何かと話題の「ゆとり教育」という制度改革は、多様な可能性を秘めているはずだが、個々の人間が自閉的な意識しか持っていなければ、社会の狭窄化を招くだけである。しかもそれが広く普及すればするほど、そのシステムから自由に、その外部で生存することは難しくなる。

学校内の制度としては、昔のほうが校則は厳しく、今よりむしろ試験一辺倒だった。しかし社会全体には「人間、勉強だけじゃない」という気分が残っていた。そして「学校の評価は絶対的なものではない」「成績だけが人間の評価ではない」という気分も、またあった。

それは一面では、古い職業意識の残存と無縁ではなかった。学校の成績がいい人間は官僚や学者になればいいし、成績が悪くても手先が器用なら職人になればいい。独創的なひらめきがなくても、真面目でコツコツやる人間は、たとえば農業には適しているだろう。だが、いつのまにかわれわれの社会ではそうした考え方が影を潜めてしまった。

私が現在の「ゆとり教育」を恐れているのは、それが生徒の個性も含めて、すべてを評価しようという考えに基づいているからだ。成績だけで子供を判定するのはよくない。子供の性格や積極性や優しさ、あるいはひらめきまでをも評価し、伸ばしてやりたいという、その精神はすばらしいと思う。だが、そういうことまで学校にできるという考えは、不遜なのではないか。また親や社会がそんなことまで学校に求めるとしたら、そんな要求は苛酷だし無謀である。

「ゆとり教育」は偏差値教育への反省から立案された。成績だけがすべてではないという考えが正しいとして、それ以外のことまで学校で評価しようというのは、本末転倒である。学校に限らず、人間存在を丸ごと評価するなんて、誰にもできるはずがない。その自明性に立てば、学校にやれるのはせいぜい点数で評価できる学業くらいのものであって、それはあくまで一面的評価に過ぎない（学問そのものの評価でさえない）と認めることが、まず必要だったのではないか。

学校が子供を評価する唯一の機関だなどと思わないほうがいい。たとえその発想が善意から発したのであっても、学校ができないことまで抱え込むのは、何より抱え込まれた子供たちの不幸の元となる。親も子供も、学校に子供を「きちんと評価して欲しい」などと思わないほうがいい。学校も親も社会全体も、学校での評価は「一面から見た評価に過ぎない」と認識したほうがいい。もちろん、それ以外にもいろいろな評価規準はあるし、そもそも評価され得る側面だけがその人間の価値ではないことを、もっと声高に言ってもいいのではないかと思う。

しかし現在のところ、「ゆとり教育」下の社会は、それとは逆の方向に向かっているように思う。「ゆとり教育」の学校では、生徒を「人間的に」評価しようとする。裏を返せば、それは学校の評価がその子供の人間的評価そのものだということになりかねない。一方、「ゆとり教育」路線と一線を劃《かく》した私立学校や公立の一部に生まれた知識重点路線校では、相変わらず知識偏重（というより受験偏重）教育が行われ、それ以外の子供の評価規準はこの世にないかの如くだ。

この議論は、フリーターの問題から大きく逸れているように思うかもしれないが、そうではない。フリーターをしている若者も正社員をしている若者も、自己評価の座標を持てずに苦しんでいる。その根源は、子供の評価のすべてを学校に委ねようという社会風潮と無縁ではない。

東大・苅谷剛彦教授グループの調査（二〇〇二年）によると、この十二年で子供たちの学力は全般的に大きく低下していることが確認できるという。長文読解や論述能力の低下は、すでに三十年前から各種の調査、教育統計が指摘したとおりだが、それに加えて暗記力もはっきり落ちてきているという。共通一次試験で五択方式の選択問題が飛躍的に普及したとき、あらかじめ用意された答えのなかからの選択という試験のスタイルは、子供の思考力や独創性を害するとの批判の声が上がったが、現状はさらに悲惨だという。苅谷氏らによると選択問題で「答えを何も選ばなかった『無答』率に着目すると、八九年調査と比較して、どの問題でも『無答』の生徒が増加している。（中略）当てずっぽうでもいいから答えを書く生徒が減り、何も書かない生徒が増えている」と指摘している（「学力低下の実態に迫る」、「論座」二〇〇二年六月号）。このことは、知識の不足ばかりでなく、選択肢のなかからの選択決定能力さえも失っている子供の増加を意味する。五択などというのは、問題を一瞥してある程度カンをはたらかせれば、二つの選択肢くらいには絞れるものが多い（もっとも、よくしたもので二択のうちどちらが正解かは、ちゃんと考えないと分からないのだが）。そういう知覚は、知識というより生活感覚に属していると私は思っているのだが、その低下は知識の量的減少よりも遥かに深刻だ。

「ゆとり教育」という言葉に絡めて言うなら、ゆとりは他者から与えられるものではない。むしろ学校も社会も干渉しない余白の部分において、ときには親の目を盗みながら、子供が自分で獲得するものだ。そんな自然な成長が、自由であるように見える今の若者には、難しいことになっている。

「大人になる」ということが具体的にはどういうことなのか、私にもよく分からないが、等身大の自分自身を把握するのは、ひとつのポイントだろう。だが、今の世の中、夢見る「本当の自分（＝理想型の自分）」への執着でも、他人の評価に丸ごとしたがうのでもない、本当の「本当の自分」を把握する機会はきわめて少ない。そしてますます少なくなっていく危険がある。

今時の若者は決して現実から逃げているわけではなく、そもそもそれ以外の道筋を知らないのかもしれない。そして大人の側もまた、他者を教育する方法を持たないのみか、実は伝えたい何ものをも持ち合わせなくなっているのでないか。そう考えると、恐ろしくなる。

第七章

フリーターへのささやかな提言

†「正しい」方策はあるのか

若者は社会的弱者だという声が、最近になってようやくはっきり聞こえてくるようになった。だが、若者が社会的弱者であることは、昔からずっと変わらなかった。にもかかわらず、これまで若者の弱者性があまり目立たなかったのは、進歩・成長が自明と見なされてきた近代社会では、「新しい」ことが、ただそれだけで価値として評価される風潮があったためだ。それにこれまで（そして今でも本書の前半で紹介したフリーターのなかのある人々がそうであるように）多くの若者は夢を持っていたり、自尊心が高いために、自分が弱者であるとは考えたがらない。本当は若者が持っているのは可能性だけで、それは現実には、「まだ何も手にしていない／決めていない」ということでもある。

だが、自分が弱者だと認めるだけでは困る。その状況を乗り越える努力をせずに、親や社会に依存するようでは困るのである。事実を認めることに価値があるのは、その認識が現状を克服する出発点となる場合だけだ。

たいていの人間は、楽にたくさんのお金を儲けたいと願ってきたし、仕事を通して尊敬されたいとも望んできた。と同時に、自分で自分の仕事を管理すること、自分が携わる仕事を主体的に決定したいと考えてきた。ただ、日本社会全体が貧しかった時代には、現実的には若者はそうした自由を追求する余裕がなく、また多少の妥協を強いられても「今よりはまし」なので我慢が出来た。しかし生活水準が高くなってしまった現代日本では、子供時代に親のおかげで享受していた生活水準を、自分の労働によって獲得するのが難しくなった。そして妥協点が高くなってしまった結果、社会に出ることのメリットが感じられなくなり、いつまでも子供でいたいという欲求が、非常に強まった。

こうした現象は現代社会の「安定」の裏返しでもある。安定した社会では既得権が尊重されるが、それは新規参入者ならびに未参入者にとっては高いハードルとなる。その代償として若者が持っているものを、近代社会は「可能性」と称したが、可能性には幅があって、よくなれる可能性と同じくらい悪くなる可能性もあるのだ。いや、デフレ経済下では設備投資は減少し、新規雇用もマイナス圧力に曝されるので、没落の可能性のほうが高いと思われる。現代の若者たちにとって、社会に出るということは階級的下落、没落の不安を伴う出来事となっている。

まずわれわれは、こうした事態を認めた上で、若者の就労機会や能力開発機会を拡大することに力を注がなければならないだろう。そのためには、具体的にどんな手だてがあり得るか。

山田昌弘氏は『パラサイト・シングルの時代』で、親にパラサイトする若者たちに対して、同居生活費分を親からの贈与と見なして課税することや、逆に若くして親から独立した者には給付金を与える制度を提案している。

また玄田有史氏は『仕事のなかの曖昧な不安』のなかで「唐突に聞こえるかもしれないが、フリーターが今までにない新しいタイプの独立開業者に移行できる道筋をつけることこそ、最も重要だろうと、私は考える。人に労働力として使われるのではない。人に仕事を決められるのでもない。『自分で自分のボスになる』という意志をもつことで、結果的に独立がもっと増えていくことである」とし、税制や支援制度を調えることで、若者の労働意欲を向上させ、さらには国民総生産を向上させる道筋を提唱している。

ところでこれらは、個人のための方策というよりも、社会学的な立場に立ったパブリックな政策提言である。少子・高齢化によってじり貧になってゆくであろう日本の未来に、希望と責任を見出すために、社会制度を変えることは必要不可欠だ。

とはいえ、さしあたってより切実に今現在困っている若者のためには、これからの政策を待っていては間に合わない。それに本当に切実なのは、若者が自立することを促し、独立した生活を営めるように制度的支援をすることばかりではなく、こうしたパブリックな夢を、若者自身が自分のプライベートな夢とリンクして自覚することだ、と私は思う。どのような制度を導入しても、若者の意識自体が変わらなければ、効果は半減するだろう。

逆にいえば、若者の意識次第で、現状でもプライベートな夢を自立する方向へと向けることは可能であろう。だが、それならと、私の思考は確信を持てずに何度もあちらからこちらへと揺り戻ってしまう。若者のプライベートな夢を、社会的な必要性から、ある方向へと誘導することが可能なのだろうか。仮に可能だとして、それは「正しい」のだろうか。

もちろんそれは、社会の「公益」のためには「正しい」のだろう。だが、それでは国策にしたがって若者を兵士となるべく教育した富国強兵策と、たいして違わない。

国家体制ではなく、人間社会そのものの永続性を考えると、現代の少子化や生産性の低下は、社会（現状の体制）の公益性を超えて「正しい」と思えるときがある。地球の資源や空間の有限性を考えたら、人類の無限の成長はあり得ない。日本の狭い国土に自給できる人口が五千万だとすれば、そこまで人口が減り、ある程度すべてが縮小した未来社会を目指すほうが「正しい」のではないか。

もちろんその過程での縮小期に高齢者となる人々（われわれ）は、悲惨な老後を送ることになる。その後の安定社会も、低位安定となるから、今後は二度と物質的豊かさが享受できる時代は来ないかもしれない。それでも、無理な成長を強いられる社会よりは、ましなのではないか。

とはいえ私は、今を生きる若者にデフレ的縮小を強要すべきだとも思わない。成長・向上を強いることも、縮小・清貧を強いることも、どちらもプライベートな夢を無視したやり方だと、私は思う。プライベートな夢とパブリックな夢をどうリンクさせるかの決定権は、あくまで個人の側が握るべきだ。人間は誰でも幸福になる権利があるし、他人の権利を侵害しない範囲内において、その「幸福」を自分で定義し、追求する自由を有する。そもそも制度や思想は、人間の幸福のためのものであって、思想や制度のために人間がいるような状況になってしまったら、それが破綻するのは当たり前だ。

社会制度によってフォローし得る範囲は、あらゆる個人が正しく自分自身の幸福について考えられるように（そして幸福になった個人が、地球というささやかな惑星のことも考えてくれるように）、子供には教育を、若者には研修の機会を、中高年には再チャレンジの機会を、さまざまに用意することだけだ。

†ステレオタイプな職業観からの脱却

現代の若者は、決して怠惰なわけでも無能なわけでもない。だが、フリーターに走る若者の「職業」に対する思考・認識はあまりに紋切り型で、自分のライフスタイルへの希望と適性業の選択のあいだに不適合がある。

大人たちは、それを職業に対する情報不足、あるいは偏りの結果と考えたようだ。政府は、バブル崩壊直後（というよりは、まだバブルの余韻が残っていた時代）の九三年五月、「働きがいと技能尊重に関する有識者懇談会」の報告書を受けて、あらゆる職業・技能の姿やこれまでの変遷を展示する施設を建設することにした。それが二〇〇三年十月に本格オープンする予定の「私

のしごと館」という施設だ。敷地面積八・三ヘクタール、延べ床面積三万五千平方メートルという巨大施設で、施設の内容は、

1「しごと探索ゾーン」では、身近なモノがどんな職業を通じてできたかを、仕事シアターで見る。また企業の組織的な仕事、熟練技能者の仕事などを映像で見たり体験したりする。

2「しごと体験ゾーン」では、食品工場を再現したり、消防士の仕事をシミュレーション機器で体験したりする。実際に仕事をしている人から話を聞き、作業をする。

3「しごと歴史ゾーン」では、過去から未来にわたる仕事の変遷を、道具や図、写真などで見る。近未来の働き方についても考える。

4「じぶん発見ゾーン」では、さまざまな分野で活躍する人からのメッセージを紹介するほか、自分の興味や関心を知り、将来の進路を考える「適性発見オリエンテーション」を行う。

5「しごと情報ゾーン」では、職業の内容や仕事をしている人のインタビューなどを、独自に開発した映像ライブラリーで見る。必要な資格など職業に関するデータもパソコンで検索できる。

といったもの。

私はこの施設をまだ見ていないので何ともいえないが、小中学生の体験学習には最適かもしれ

ないが、高校生や大学生の職業意識を変える施設になるとは、とうてい思えない。仕事の具体性を伝えるための施設が、シアターやシミュレーション、映像ライブラリーといったヴァーチャル映像技術で支えられているのも気になる。皮肉にも、さまざまな仕事を紹介する「しごと館」で現実に動いている「仕事」は、フリーターが「夢見る」映像ギョーカイのそれなのである。

若者の職業意識や企業側の雇用情勢といった流動的な課題に、箱モノで対応するのは限界があるのではないか。とはいえ、これは行政の無策というより、職業教育の難しさを象徴しているといえそうだ。

われわれは職業を選ぶとき、いやその前にまず、「職業」を認識するときに、どのような規準で考えるのだろうか。私はそこに、ブリューリーが一九八八年に対人認識のモデルとして提出した「二重モデル」と類似した状況があるように思う。ブリューリーによると、人間は他人を前にしたときは、まず相手の人種や性別、年齢などを自動的にカテゴリーに当てはめて判断する。そして相手に対して関心がなければ、その人への理解はカテゴラリーベースのモードに止まり、それより先には進まない(この認知系は、前章でふれたデータベース情報消費で、ますます普遍化し、浸透したと思われる)。

「職業」についても、われわれはまずそのイメージを、社会的重要性(社会的評価)、収入、忙しさなどといった条件のカテゴリーに当てはめて判断する。しかもそれは、実際にその職業に関する正確な情報を比較検討したものではなく、われわれの頭の中にあらかじめ形成されている情報にしたがっての、ステレオタイプ化した判断であって、実は自分で判断しているというよりも、その人が属している社会なり家庭なり時代なりの環境に由来する「外的規定」の拘束下での、カテゴラリーをなぞるだけの自動処理に過ぎない。

たとえばそれは「銀行員＝給料がいい」「教師＝堅苦しい」「テレビ局＝華やか」「フリーター＝気楽」といったステレオタイプなイメージの域を出ない。そしてその職業のことを深く知ろうとしない場合（自分とは関連性が薄いし、第一印象段階でその職業に就きたいといった興味を持たない場合）には、その職業への理解は、この自動処理のレベルで終了してしまう。

すると、こういうことになる。ある人が職業を選ぼうとする場合、本当は多様な可能性のなかから、それらすべてを公平に比較検討した上で「これだ」と選んでいるわけではなく、あらかじめ文化的カテゴラリーによって狭められたイメージのなかからの好感度で選んでいるのに過ぎない。「興味の対象」が、検討以前に限定されてしまっているので、そのひとがカテゴラリーベースを超えて、よりプライベートベースで興味を持つ職業は、はじめから歪んでいるのである。

「好きな仕事」をしたいというとき、その若者は実はまだ、どの仕事も経験していない。ただ「好きと想像する職業」があるだけだ。そして、そういう印象を抱いた職業に対してのみ、カテゴラリーベースを超えてリアル（ヴァーチャル・リアル）な想像をめぐらすので、周囲が堅実な別の職業に就くことを提案しても、真摯に受けとめることが難しい。

現在、小学生の「将来の夢」のトップは「公務員」だそうだ。これは現代の大人たちの価値観を反映している。それがわれわれの文化的カテゴラリーなのである。一方、若者の希望職業がテレビ・広告業界やゲームクリエーター、作家、映画監督といった職業に偏るのは、そういう仕事以外に、若者がそれまでの人生でプライベートベースな引っかかりを感じなかったことによる。よく大人は「仕事はやってみなければ本当の面白さが分からない」というが、それは若者にとって、「人生は生きてみなければ分からない」といっているのと同じなのだ。

若者も、また若者に何かを伝えようとする側も、仮想の話としてしか未来を語り得ない。また「別の仕事」「別の人生」はヴァーチャルにしかシミュレーションできない。それならせめて、シミュレーションの前提になる情報を、的確に把握しなければならないだろう。

自分にあった職業を選ぶに当たって、いちばん大切なのは「仕事」の情報ではなく、自分自身の情報を把握することだと思う。それも学校の成績とか体格とかのデータではなく、自分の欲望、自分の本当の赤裸々な欲望の把握である。

†消費嗜好から「職業」を逆算する

ここで恥を忍んで、私がどうやって自分の仕事を決めたのかを、書いておく。これはあくまで私のケースであり、誰にでも当てはまる話ではない。むしろ例外に属する例かもしれない。だが、あえてそれを書くのは、会社人間にはなりたくない／なれないと語る若者には、夢を追う生活の苛烈さに耐える強さより、むしろ管理社会で生きられない繊細さを感じることが多いためだ。そして、個別の事情は違っても、チェックポイントというのは、わりと共通しているものであるからだ。

先ず言っておくと、私は現実の厳しさから逃げてはいけない、などというつもりはない。退却という決定だって、ありだ。ただ、逃げるなら逃げるで、自分は逃げていることを自覚しなければまずい。会社員としてやっていく自信がないからフリーターをしているのに、逃げていることを自覚せず、より苛酷なフリーでの生き方に挑戦するような気持ちになっていては、とてもその先やっていけない。

実は私は、そのどうにもやっていけそうもない人間のひとりだったからこそ、言うのである。冒頭で私は、自分が現在二つの仕事を持っていることにふれた。それは文筆業と歯科医である。近代日本には、医文学という系譜があって、森鷗外、木下杢太郎、斎藤茂吉というように、医師を職業としながら、文学もするというのは、わりと普遍的な在り方だったので、たぶん何となく、私もそういう生き方を選んだように、世間では思われる節がある。

だが、私がこういう生活を選んだのは、確固たる信念があってではなかった。そもそも私は

「○○になりたい」という考え方をしなかった。なりたいものなんて、なかったのである。高校時代のことだ。

ところで私には労働意欲はなかったが消費意欲はあった。本を読むのが好きであり、好きな本は手元に置きたかった。だが書きたいとは思わなかった。ここにあるのは消費への欲望であって、生産への希望ではないから職業には結びつかない、と私は思っていた。

というわけで、私は私自身にとってはっきりしていることを重視し、本を読み続ける生活が出来る職業に就きたいと考えた。そしてもうひとつ、私は自分の生まれ育った地方が好きで、親の近くに住む義務感のようなものも感じていたから、郷里の地方都市でやれる仕事を選ばなければならなかった。

まず、真っ先に考えたのは教師だった。学校の先生なら、本を読むのは仕事の延長である。学校には図書館があるというのもありがたい。しかし、教師になったら黒板に字を書かなければならない。私は字が下手である。しかも私は高校時代には小説や思想について自分の「好み」が、すでに出来上がっていたので、教師になったらかなり偏向した授業をする畏れがある。私には自分の節は曲げたくないという良心がある一方、教師は自分の好みを生徒に押しつけてはいけないという良識もあったので、すぐに諦めた。

では、自分にはどんな仕事が向いているのだろう。そんなものがあるのだろうか。なかったらどうしよう。考えているうちに暗澹たる気持ちになった。

　私は集団生活が苦手だった。より正確にいうと、私としては別に集団生活が嫌いではないのだが、どうも周辺の人々のほうが、困るらしいのである。私は自分一人で仕事をするのは嫌いではないのだが、他人と歩調を合わせるのが苦手だった。早すぎたり遅すぎたりするらしい。妙に凝り性なのも、はた迷惑のもとになる。どうやら会社員や公務員といった組織に属する仕事は向いていないようだ。体力を使う仕事も、人一倍苦手である。

　私は引きこもりでも登校拒否でもなかったが、一歩間違えばそうなりかねない自分を意識していた。だから当時の私は「引きこもりでも出来る仕事」を無意識に模索していた、のだと思う。もっとも当時は「引きこもり」という言葉はなかった。

　ただ、細かな作業をするのは好きだったから、職人的な仕事には向いているかと思った。とはいえ、私は偏屈なわりにおしゃべりが好きな人間なので、ひとりで黙々と作業に没頭する仕事というのも、なるべくなら避けたい。

　こう考えると、私に本当に適した仕事がない。困った。とても困った。中学・高校時代、私は毎日を適度の忙しさと適度の楽しさのなかで過ごしながら、「将来」という言葉に、絶望的な距離感を感じていた。まったく、今時のフリーターと変わらなかった。

†変わりたくないから成長する

ほとんどの人がそうであるように、私は自分の両親が好きで、自分の家が好きだった。子供の頃から、はっきり自覚できるほどに、私は過保護で育った。幸いにしてわが家は父権がある程度強く、母もまたそれなりに自己主張が強かったので、母子密着にも陥らず、父による抑圧もなく（いや、両方が適度にあったというべきか）、過保護なりに私は、自分が成長しなければならないことを、意識していった。中学・高校時代の私の希望は「このままでいたい」というものだったと思う。だが、その希望を適えるためには、時間を止めるか、それが不可能なら自分が父のようになり、母のような女性を妻としなければならないことを知っていた。人間は否応もなく歳を取る存在であり、「このままでいる」ことは、否応もなく「変わってしまう」ことになる。自分は変わらないつもりでも、周囲の見る目は変わってしまう。周囲との関係を含めて、変わらないためには、自分が過ごした時間の分だけ、きちんと成長しなければならないのだ。

いずれ決着をつけなければならない問題を、モラトリアムや夢によって先送りすることを、私はひどく恐れた。逃げられない問題から逃げていたら、事態は悪化するばかりだ。時間は限られている。破綻する前に、対策を講じなければならない。

ところで私は、本を読むほかに、もうひとつ好きなことがあった。それは穴を掘ることである。

発掘が好きだったのだ。考古学も古生物学も好きだった。

高校時代、私は考古学クラブに所属しており、夏休みや春休みには発掘調査に参加していた。あるときの発掘で、人骨が出土し、それがいつ頃の人類であるか同定する作業を目撃した。

リンネによる脊椎動物の分類法で決め手となるのは「歯」である。歯の本数や形態が、その動物がどの系統に属するかを決定するための最重要指標なのである。人とテナガザルは共に歯数は三十二本で、狭鼻猿亜目に属し、広鼻猿亜目とは区別される。

ところで当時、たまたま科学雑誌で親不知（第三大臼歯）が先天的に欠損している人が増えているという記事を読んだ。上下左右で一本ずつだから、すべて欠損すれば四本の欠如、つまりその人の歯数は二十八本ということになる。私は興奮した。「リンネの定義では人類の歯数は三十二本なのに、今この時代、それが変わりつつあるのだろうか。これは進化なのか」と。

こうして私は、その現場が見たいと思ったのが決め手で、歯学部に進むことにした。そして文筆のほうで私の名前がはじめて商業誌に載ったのは、歯数減少から人類の未来像にどのような予測が成り立つかに関するささやかな研究によってだった。掲載誌は「ＳＦマガジン」で、二十一歳のことだった。

だがこの話だけでは、本当ではない。私は職業を決めるとき、ただひとつの理由から選んだわけではなかった。歯に比較解剖学的・古生物学的な興味を持っただけでなく、その先に見える職業が自分の望む生活の条件に合っていることが、重要だった。私は学生時代はさておき、長期的には故郷を離れるつもりがなかった。大学を出たら田舎に帰って就ける仕事をしたかった。可能ならば自分の家でやれる仕事がよかった。歯科医は、それらの条件にあっていた。

現在、私は自宅で開業医をしながら、主に土日に書斎で原稿を書いている。考えてみると、これは引きこもりのようなものだ。実際、一週間くらい一歩も外に出ないということも、ままある。外出は本屋に限られる。アウトドアが好きな人にはつまらない生活かもしれないが、私の性格には合っていた。学生時代は満員電車が嫌いで、二時間早く大学に出ていた。こういう人間がなまじ企業とかに就職していたらどうなったか、想像すると怖くなる。

文章を書くことは私にとって生き甲斐（漱石流にいう「道楽」）だが、歯科医師をしているのは、社会的存在意義の確認である。引きこもり的傾向のある私にとって、それは二つながらに必要な要素だった。それにもちろん、生活するにはお金だって必要だ。

高校時代、自分が何ものにもならない場合を想像し、こんなことを考えていた。

生きているということは、それだけで消費である。食べることも着ることも、他人の労働生産によって支えられている。たとえわずかしか食わず、わずかしか着ないとしても、「清貧」が他者に還元する何ものも生み出さないなら、存在の収支決済は明らかにマイナスであり、その人は社会に寄生していることになるのではないか。私にとって読書はあくまで趣味であり、これまた消費であった。自分が本を読み、ものを考えた結果、私自身は豊かになるとしても、それで社会の役に立つわけではないからだ。それに本当は、ものを考えるということは、堅実で健全な生活をしながらでなければ意味がないのではないか、とも感じていた。

ちょうどその頃、小林秀雄の『本居宣長』（一九七七）が出たが、そのなかにこんな一節があった。

先ず生計が立たねば、何事も始まらぬという決心から出発した彼の学者生活を、終生支えたものは、医業であった。彼は、病家の軒数、調剤の服数、謝礼の額を、毎日、丹念に手記し、この帳簿を「済世録」と名附けた。彼が、学問上の著作で、済世というような言葉を、決して使いたがらなかった事を、思ってみるがよい。

済世とは、世を救い助けることだが、宣長がこの言葉を、尊大な気持ちから用いたとは思えない。医業は宣長にとって、世間のおかげを蒙って生きている自分が、世間に対する恩返しというか、存在の収支決算のプラス項目だったのではないかと思う。他人にとって具体的に「役に立つ」仕事をしていることは、宣長の学問を深いところで保証していた、と私は思う。

小林秀雄は「彼の国学の門人が、諸国にひろがったのは、晩年の事だが、この頃になれば、伊勢だけでも、もう随分の門人があったであろう。講義中、外診の為に、屡々中座したという話も伝えられている」とも書いている。宣長にとって、学問は自分が好きでやっていることだったから、志を同じくする人々に講義をするのも楽しかっただろう。だが、それよりも患家の求めに応じて往診することを大切にする宣長は、医業によって自分が具体的に社会のなかで役割を果たしていることを、かみしめていたと思う。積極的にいえば患者に奉仕するような人間だからこそ、豊かに学問世界を深められるということである。それを消極的に見れば、医業によって社会的責任は果たすから、「だから役に立たない（かもしれない）学問をする自分を許してくれ」と思っていたのではないか、と。

この『本居宣長』が、私のライフスタイルを決定した。つまり発掘現場での出来事と『本居宣長』がなかったら、私の人生は違ったものになっていただろう。

私は現在、歯科医院を開業して十年になるが、その間、一日も休んだことはない。不思議なもので、風邪をひいても、土日には熱が上がるが、仕事のある日は下がるのである。近年ではそこそこ原稿の注文もあるが、このライフスタイルを変えるつもりはない。以前、評論家の松本健一氏は、こうした私の生き方を「日曜文学者」と評してくださったが、文章を書くことは、あくまで私にとって、漱石が「道楽と職業」で指摘したような意味での道楽なのである。

繰り返すが、これは私のプライベートな事情や性格を反映した選択であり、人生だ。もっと積極的に、自分の夢を追求する人がいてもいいと思う。あるいは逆に協調性があって他人とチームを組んで何かをするのが好きな人なら企業に入って仲間とともに大きな仕事をする道を目指すほうが、フリーで何かをするよりも適しているかもしれない。ただ、どんな仕事を選びどのようにはたらくにせよ、その職業選択や生き方が、自分の性格にあっているのかどうか、能力と職業の適合ばかりでなく、「生き方」と職業の適合もまた、あらかじめよく検討したほうがいい。「会社人間にはなりたくない」という繊細な若者が、フリーで生きるというのは、そうとうにきつい。だからあえて、私は自分の事例を公開したのである。

もちろん私だって、すべての時間や精力を、文筆に注げたら、と思う瞬間はある。友人知人が、いい仕事をしているのを読めたときなど、痛切にそう思う。だが、私の場合は気が小さいので、道楽（夢）を仕事（労働）にしてしまったら、たぶん性格的に破綻してしまうのではないかと思う。それが私の自己適性判断だ。

「かくありたい」という人間の希望はひとつだけではなく、いくつかの矛盾する願望を同時に抱いているのが、むしろふつうだ。楽はしたいが他人に認められたい。あくせくしたくはないがお金は欲しい。だが、現実にはひとつの人生しか選べない。だから、どのような生き方を選ぶかを決めるためには、本当に自分に正直でなければならない。親や学校の指導に従うのではなく、時代の風潮やメディアの情報に踊らされるのでもなく、そして自分自身の見栄や逃避の気持ちからも自由に、本当に身に合う生き方を見つけて欲しいと思う。

†フリーライフの必要経費とは

それでもなお、あえてフリーで生きようとするなら、その生活にどれくらいの経費がかかるのかを把握しておかなくてはならない。フリーで生きるということは、零細経営ならぬ「単独自己経営者」として生きることでもある。

主に架空戦記物を執筆していた作家の松井計氏は、経済的に破綻してホームレスになってしまい、その顛末を『ホームレス作家』(二〇〇一)にまとめた。そのなかで氏は、破綻前年の収入を公開している。文庫本三冊とノベルス一冊を刊行し、それら四冊からの印税が四百二十万円。また専門学校でシナリオの書き方を教えており、その講師料を合わせると約五百万円というのが年収だったという。この金額は「長者番付に名前が載るようなベストセラー作家とは比較の対象ですらないが、同業者の大半はこの程度か、それ以下しかないのもまた事実」(同書)だという。氏は、こうも書いている。

同業者の中には、我々作家も含めた自由業者がサラリーマンと同程度の生活をしようと思ったら、三倍の収入がなければならない、などと口走る連中がいる。私自身はこのような物言いを好まない。いや、憎んでいる、といってもいいだろう。その背後に、嫌らしい特権意識が見え隠れするからだ。この伝に従えば、私の昨年の収入はサラリーマンにとっての百七十万円弱の収入にあたる、ということになり、これならば生活が破綻しても仕方がないかもしれない。

だが、現実に氏の生活は翌年には破綻してしまった。やはりサラリーマンと作家の収入を同等に評価するのは、問題がある。

そもそも松井氏は「五百万円」を年収と書いているが、これは誤りだ。それは会社でいえば年商に過ぎない。作家はそこから、資料代や取材費、仕事に使うパソコン代、事務所の机、電話などの諸経費を支出しなければならず、これらを差し引いた残りが、本当の収入といえる金額なのだ。しかもサラリーマンは、年金や保険料なども、会社が一部負担してくれているが、フリーだと全額を自己負担しなければならない。

サラリーマンなら、もし失業しても失業保険が下りるので、即座に生活に窮するというまでにはならずにすむ。作家という立場の不安定さを考えれば、やはり総年商がサラリーマンの年収と同じでは、立ち行かないのである。これはあらゆるフリーの仕事に共通する事情だ。

松井氏は主に架空戦記を書いてきたというから、資料代はかなりかかったのではないかと思う。

私も原稿料の多くは資料代に消えてしまう。ミステリ評論家でアンソロジストでもある日下《くさか》三蔵氏は、資料の鬼である。現在、年収（「年商」のほうの年収）が七百万円ほどあるそうだが、そのほとんどが資料代に消えてしまい、確定申告の際に税務署で呆れられ、とうとう「がんばってくださいい」と励まされたという（彼とは中学生の頃からの古本仲間で、当時から異常なまでの収集家だった）。ちなみに、去年の私の文筆による収入は五百万円未満で、松井氏より少ない。本当に文筆は儲からない。

フリーで生きていると将来が見えない。今現在は仕事の依頼があっても、それが将来も持続するかどうかは分からない。本当は会社員であっても、リストラの危機や、そもそも会社が何時まであるか分からないという不安はあるので、フリーだけが不安定なわけではない。だが、やっぱり危険率の高いのはフリーのほうだろう。

フリーで生きていれば、いつ生活に窮するか分からないという不安を、心の何処かで常に意識していなければならない。フリーターのなかには、結婚や子供を持つことに踏み切れないと悩んでいる若者もいた。また逆に、家庭を持って地道に生きるという生活が厭で、あえて定職を持たないでいるのだと語るフリーターもいた。後者の場合、「なぜ結婚しないのか」という問いを封じるのには「フリーターでいるのが楽だ」といっており、日本社会の保守性を逆手に取った確信犯的なライフスタイルの通し方であるように思える。

セックスレスだろうと家庭を持たなかろうと、それは当人の自由なのだが、そういう無欲さは、本当は社会にとっては革命よりも怖いものだ。一番手強く、説得困難なフリーターは、何の欲求もないケースである。

なりたいものがないだけでなく、欲しいものも何もないという若者もいる。私の場合、「本が買いたい」というオタク的欲望のおかげで、社会化してお金を得ることは切実な問題だったが、好きな消費対象もない人間には、労働意欲の湧きようがない。そして現在、そういう若者が増えつつある。何かを諦めているのではなく、そもそも消費に対してさえ自己決定をしないのである。彼らにとって、消費もまた生活を離れたデータとしてのみ存在する。禁欲型の無欲ではなく、無気力型の無欲は、バーチャルリアリティ時代のもうひとつの病理だと私は睨んでいる（もっとも彼らとて、ケータイ料金分だけは稼がなければならない）。

†フリーライフの最後の矜持

結婚をせず、子供を持たないという生き方は、自主的に選択することが可能だ。そしてそれは他人から非難される筋合いのものではない。少子化が社会を衰退させるからといって、個人に結婚や出産を強制することは出来ない。人間はなにも、定職に就き、結婚し、子供を育てなければならないと決まっているわけではない。定職がなくても生活が困らず、一人でいることが苦痛でなければ、そういう生き方をしても別に構わない、と私は思う。

だがそれでも、人間はいつまでも子供のままでいることは出来ない。人間が「大人」であることを本当に引き受けるのは、最終的には親の死に際してではないかと思う。順当に生きていれば、いずれ親が老い、死を迎えるのに立ち会わなければならない。残念ながら子供には、親の死を止めることは出来ない。

パラサイト・シングルは犯罪ではないし、フリーで生きるのは自由だが、親がいよいよ老いてくると、何時までも親を頼っているわけにはいかなくなる。そのとき、子供は経済的に自立し、精神的にも独立しなければならなくなる。ましてやパラサイト期間が長かったなら、その分だけ余計に、ずっと自分を養ってくれた親の最期の時に、子供として何が出来るかが、自分自身の人間的矜持《きょうじ》を保つためにも大切になる。

自分の生き方は自分で決められるが、親の死は、自分が実は一人では生きてこなかったことを思い知らされる出来事だ。

夏目漱石は『それから』で「高等遊民」の親がかりの生活を描いたが、現実にはその執筆当時、一時彼の養父だった人物から金銭的要求をされて困っていた。以前、一度金を払ったのに再び要求されていたので、権利問題としては拒めたのだが、感情的に、たしかに一時は可愛がられたという気持ちから、漱石はこの「贋の親」を見捨て切れないのだった。

欧米では自立すると、自分にかかった教育費を親に支払う息子はけっこういる。それを親の側から要求することもあるし、子供の側が親から自由になるための当然の義務として申し出る場合もあるようだ。最近聞いた話では、ゲームクリエーターで作家の渡辺浩弐《こうじ》氏は、二十代後半に、それまで自分にかけられた養育費を計算し、その全額を両親に返したという。そしてそれ以降、両親とは会っていないそうだ。

家族間の愛情は、私には何よりも強く自明のものと感じられるが、それもまた人それぞれなのかもしれない。だが、もし親との絆を拘束が強く疎ましいものと感じるなら、その拘束から「自由」になるためにも、せめて経済的な清算が必要だというのは、分かる。

親世代の古いモラルを否定しながら、その一方でちゃっかりパラサイトはし続け、ずっとモラトリアムを引きずれば、どうなるか。その極端に傷ましいケースが、次のような「事件」となって、既にあらわれている。

二〇〇三年一月、ある年金詐取事件が発覚した。逮捕されたT（五十歳）の自供によれば、三、四年ほど前にまず父親が、まもなく母親が病気で死んだ。しかしTは両親の死亡を届けず、その後、不審に思った民生委員の通報を受けた警察が内偵をしたうえで逮捕するまで、ずっと親の年金を詐取し、それを生活費に充てていた。

Tは二十代前半までは仕事を変えながらも一応ははたらいていたが、それ以降は職に就かず年金暮らしの親と共に生活していた。ちなみに父の年金は月額十二万円弱だったという。

これから将来、こうした事態は増えてゆくのではないか。死亡を隠して年金を詐取するような犯罪は異例としても、年金生活者である親にパラサイトしている若者の事例は、少なくない。それは「自由」とは縁遠い生き方だと私は思う。

オタク第一世代（私の世代）以降の、現代を生きる若者は、生きる手がかりとなるような絶対的な価値観も、力強い共同体も知らず、またそうした拘束を避けながら生きている。生きる意味や必然性を見出せずに苦しむ一方、そうした重い主題と向き合うことへの逡巡もある。だが、親がいなくなれば否応なく、その人は「子供」ではいられなくなる。

もしも苛酷な現実から逃避したいなら、生き抜ける逃げ道を、用意しておかなくてはならない。もしもいつまでも子供のように責任から自由でいたいと思うなら、（それが可能かどうかは分からないが）他者に対して責任を一切負わなくてもいいだけの用意を、あらかじめ周到に調えなければならない。

逃げるというのは、何もしないことではなく、常に軸足を定めながら、その軸足を自ら移動させ続けるということだ。それは挑戦し続ける生き方よりも、いっそう厳しいものかもしれない。私がここで言っている「逃げる」という言葉は、人によってはむしろ「挑戦する」という意味に感じられるかもしれないようなものだ。自分の可能性に賭けるということは、既成の価値観から

「逃げる」ことでもある。また自分の見果てぬ夢をどこかで断念し、地道に生きようと決心することのほうを、むしろ「逃げ」だと感じる若者もいるだろう。だが夢を追うのをやめてふつうに生きるという「逃げ道」も、黙っていれば与えられるものではなく、親世代が努力したのと同様に、各個人が必死に頑張ればどうにか獲得できるハードルの高い「ふつう」なのだ。「厳しくてもいいから、自分の道を歩んでいきたい」という若者も、「真面目にふつうに生きたい」と考える若者も、いずれもが本当に自分の希望と向き合って生きられることを願っている。

他人事ではないあとがき

「夏は暑い」との理由で大学を辞めた友人がいる。学生ではない。職員のくせにである。かと思うと「労働は私に向かない」と辞表に記して会社を辞めた友人もいる。そのくせ二人とも、今は流行作家となっており、日曜も祝日もなく、忙しくしている。「なぜだ」といったら、「労働以上に、貧乏と私は相性が悪い」との答えだった。

このように書くと、とても気楽そうだが、実際には彼らにとっては朝起きて感じた夏の暑さが、突然わが身が虫になったかのような苦痛として感じられたのだろうし、出社しようとした瞬間に嘔吐に襲われるような相性の悪さだったのだろう。こういう本を書いてしまっている私にも、多少ともそのケがある。フリーの人間なんてものは、好きでその道を選んだというより、それよりほかに生きようがないから仕方なくそうなってしまったようなところがあって、サラリーマンが勤まるくらいなら、誰も好き好んで苦労はしない。

フリーターを中心に、今どきの若者の問題を考えてみた。ところどころ手厳しいことも書いてあるので、あるいはこれを読むとヘコむ若者もいるかもしれない。だが、安心したまえ。一番ヘコんでいるのは、私自身である。

打たれ弱い人間は組織社会に向かない。といって、もっと苛酷なフリー生活が向いているわけでもない。私が若かった頃、世の中は生き難かったが、今はますます辛そうだ。私はこの本を書きながら、自分自身の若かった頃を思い出しては暗くなり、わが子の将来を思ってはいっそう暗くなった。

どうしてこんな世の中になってしまったのかについては、それなりに記述したつもりだ。そして、この社会でどういう生き方があるのかについても、ある程度は書いた。しかし結局、決めるのは自分自身だ。

はっきりいうと私はこの本を、わが子のための「若年破綻防止マニュアル」のつもりで書いた。これを読んだ上で、「自分はフリーに向かない」と考えるか、「それでもフリーで生きたいから、そのための準備をしよう」と考えるかは本人次第だ。いくら親でも、子供の代わりにトイレに行ってやるわけにはいかない。

そんなに「自己決定」や「大人になる」ことに拘《こだわ》らなくてもいいではないか、という意見もあって、三十代のうちは私も何となく、どうにかなると思っていた。だが、四十にして、どうにもならないことがあるのを思い知った。父を亡くしたのである。親を亡くしてみて、それまでいかに自分が大人になり切らずに気楽に生きてきたかを痛感した。直接のパラサイトでなくても、親がいるだけで何となく「まだいい」という気でいられた。死なれても、急に大人にはなれない。多少の準備はしておかないと、本当にキツイ。

父の葬儀に当たっては、長男らしく務めを果たそうと思ったのだが、泣いてばかりいて、ものの役に立たなかった。そもそも葬式を仕切るだけの事務処理能力が、私にはまったく欠けていた。結局、そういうことは弟が取り仕切ってくれた。

弟はある公共の芸術館で学芸員をしている。学芸員というと堅そうだが、専門は演劇で、なかでもダンスが得意（といっても自分で踊っているわけではない）という男である。職務内容はフリーターというかフリーライフ愛好家が好みそうなもので、本人曰く「毎日が文化祭」だそうだ。世間には、田舎で開業医をしている私を常識的で、ダンスや演劇のことで世界中を飛び回っている弟のような生き方を自由気儘だと思っている人がいる。しかし彼は組織に属して仕事をしているだけに、葬式を仕切れるスキルを身に付けていた。

自分が無理に会社勤めをしていたらどうなっていたかと思うと、改めてゾッとする。問題は、正社員がいいのかフリーターがいいかではない。自分に何が合っているかであり、さらにその決定の前提として、自分の性格や本当の希望を、どの水準まで掘り下げて把握しているかだ。楽しい人生を送れるかどうかは、自分にとって何が楽しいかで変わってくる。

ところで私は、子供の頃から隠居に憧れていた。子供には一日も早く立派に一人前になってもらいたいものである。家督なら、いつでも譲るぞ。

二〇〇三年八月

長山靖生

主要参考文献

山田昌弘『パラサイトシングルの時代』ちくま新書
玄田有史『仕事のなかの曖昧な不安』中央公論新社
天野郁夫『学歴の社会史』新潮社
尾高皇之助『労働市場分析』岩波書店
八代尚宏『日本的雇用慣行の経済学』日本経済新聞社
バーバラ・エーレンライク、中江桂子訳『「中流」という階級』晶文社
石川経夫編『日本の所得と富の分配』東京大学出版会
苅谷剛彦『大衆教育社会のゆくえ』中公新書
浅田彰『逃走論』ちくま文庫
ポール・ファッセル、板坂元訳『階級　平等社会アメリカのタブー』光文社
紀田順一郎『読書戦争』三一新書
倉阪鬼一郎『活字狂想曲』時事通信社
小此木啓吾『モラトリアム人間の時代』中公文庫
山田昌弘「警告！　『専業主婦』は絶滅する」（「文藝春秋」二〇〇一年二月号）
ジョセフ・シュムペーター、金融経済研究所訳『景気循環論』有斐閣
霜月たかなか編『誕生！　手塚治虫』朝日ソノラマ
手塚治虫『ぼくの漫画人生』岩波書店

安田雪「働きたい、でも働けない」(「論座」二〇〇〇年十一月号)
佐藤愛子『淑女失格』日本経済新聞社
夏目漱石『それから』『門』『彼岸過迄』『野分』「道楽と職業」「文芸と道徳」「創作家の態度」「愚見数則」
尾崎紅葉『金色夜叉』
森鷗外『雁』『青年』
ジェイン・オースティン、中野康司訳『高慢と偏見』ちくま文庫
フィリップ・メイスン、金谷展雄訳『英国の紳士』晶文社
「凸之助元気増進画伝」「凹吉ヘコタレ画伝」(「冒険世界」一九一一年十月号)
木村直恵『「青年」の誕生』新曜社
谷崎潤一郎『痴人の愛』
和歌森太郎編『流行世相近代史』雄山閣
石子順造『戦後マンガ史ノート』紀伊國屋書店
三浦展『「家族」と「幸福」の戦後史』講談社現代新書
竹内洋『日本の近代12 学歴貴族の栄光と挫折』中央公論新社
山田昌弘「フリーター二百万人に明日はないさ」(「文藝春秋」二〇〇一年七月号)
細川周平「カタログ文化のなかの音楽」(「中央公論」一九八一年八月号)
浅羽通明『天使の王国』JICC出版局
「別冊宝島104おたくの本」JICC出版局
佐木隆三『宮崎勤裁判(上・中・下)』朝日新聞社
ジョン・ファウルズ、小笠原豊樹訳『コレクター』白水社
村上龍『憂鬱な希望としてのインターネット』メディアファクトリー

東浩紀編著『網状言論F改』青土社
苅谷剛彦「学力低下の実態に迫る」（『論座』二〇〇二年六月号）
小林秀雄『本居宣長』新潮社
松井計『ホームレス作家』幻冬舎
竹内博『元祖怪獣少年の日本特撮映画研究四十年』実業之日本社

写真提供・協力　松岡宏大、高村栄次郎、白土晴一

※本書掲載の写真はイメージで、本文とは直接関係ありません。

ちくま新書
429

若者はなぜ「決められない」か

二〇〇三年九月一〇日 第一刷発行
二〇〇三年一一月五日 第二刷発行

著者 長山靖生（ながやま・やすお）
発行者 菊池明郎
発行所 株式会社筑摩書房
東京都台東区蔵前二-五-三 郵便番号一一一-八七五五
振替〇〇一六〇-八-四一二三
装幀者 間村俊一
印刷・製本 株式会社精興社

ちくま新書の定価はカバーに表示してあります。
ご注文・お問い合わせ、落丁本・乱丁本の交換は左記宛へ。
さいたま市北区櫛引町二-六〇四 筑摩書房サービスセンター
電話〇四八-六五一-〇〇五三
© NAGAYAMA Yasuo 2003 Printed in Japan
ISBN4-480-06129-0 C0236

ちくま新書

073 虚構の時代の果て——オウムと世界最終戦争　大澤真幸
我々にとってオウムとは何か？　地下鉄サリン事件とは虚構の時代の果てに勃発した世界最終戦争だった!?　虚像と現実が交錯する現代社会の機制を撃つ気鋭の論考。

117 大人への条件　小浜逸郎
子どもから大人への境目が曖昧な今、人はどのように成長の自覚を自らの内に刻んでいくのだろうか。自分はなにものかを問い続けるすべての人におくる新・成長論。

211 子どもたちはなぜキレるのか　斎藤孝
メルトダウンした教育はどうすれば建て直せるか。個性尊重と管理強化の間を揺れる既成の論に楔を打ち込み、新たな処方箋として伝統的身体文化の継承を提案する。

218 パラサイト・シングルの時代　山田昌弘
三十歳を過ぎても親と同居し、レジャーに買い物に、リッチな独身生活を謳歌するパラサイト・シングルたち。そんな彼らがになう未成熟社会・日本のゆくえとは？

341 「生き方探し」の勉強法　中山治
「自分の生き方」に戸惑いを感じる人が増えている。西欧直輸入の知恵でなく、日本人の気質にも合った対処法の、いつでもやりなおしがきく勉強法を展開する。

404 満たされない自己愛——現代人の心理と対人葛藤　大渕憲一
なぜ世間は自分を認めてくれないのか。傷つくのが怖くて人と関われない。私たちの心を捉えて放さない「自己愛」の諸相を見つめ、現代人を特徴づける深層に迫る。

421 行儀よくしろ。　清水義範
教育論は学力論だけではない。今本当に必要な教育は、道をきかれてどう答えるか、困っている人をどう助けるか等の文化の継承である。美しい日本人になることだ。